Adolf Lewin

Die Maccab. Erhebung bis zum Tode Juda des Maccabaeers

Adolf Lewin

Die Maccab. Erhebung bis zum Tode Juda des Maccabaeers

ISBN/EAN: 9783743606531

Hergestellt in Europa, USA, Kanada, Australien, Japan

Cover: Foto ©Thomas Meinert / pixelio.de

Manufactured and distributed by brebook publishing software (www.brebook.com)

Adolf Lewin

Die Maccab. Erhebung bis zum Tode Juda des Maccabaeers

Die Maccab. Erhebung bis zum Tode Juda des Maccabaeers.

Inaugural-Dissertation

zur

Erlangung der philosophischen Doctorwürde

vorgelegt der

Universität Heidelberg

von

Adolf Lewin

aus Pinne.

Seinen geliebten Eltern

und seinem hochverehrten Lehrer

Herrn Dr. Carl Neumann,

Ordentl. Professor an der Universität Breslau

in Liebe und Dankbarkeit

In dem gewöhnlichen Verlaufe der Geschichte treten vorzüglich die extremen Parteien als handelnde Personen auf, oder richtiger, in der Geschichtserzählung. Denn die Entfernung der Zeit theilt mit der Entfernung des Ortes die Kraft, das nicht ganz bestimmt Ausgeprägte, ganz besonders Hervortretende zu verlöschen und unsichtbar zu machen. Nur in ganz besonderen, gewaltigen Krisen treten auch die Mittelparteien mit ihrem Wirken hervor, da sie dann gewöhnlich gezwungen sind, handelnd mit einzugreifen in das Getriebe der Zeit, sich für die eine oder die andere extreme Partei zu entscheiden. Hierdurch geben sie fast immer nicht nur zu Gunsten dieser Partei den Ausschlag, sondern bewirken auch eine Zersetzung und Neubildung in ihr, welche die Anregung zu einer neuen Parteigestaltung, zu einer neuen Phase des Geschichtslebens giebt.

In der ersten Periode der uns vorliegenden Zeit treten besonders zwei Parteien auf, die unterdrückte sind die Assidäer [1]), die herrschende die Hellenisten. Aber eine Mittelpartei, etwa eine national-hellenistische Partei, hatte den Sieg der Hellenisten vorbereitet und war von diesen überflügelt und völlig zurückgedrängt worden. Als Vertreter dieser Partei gilt uns Jason.

---

[1]) חֲסִידִים, die Glaubenstreuen, Schriftgelehrten. Näheres s. w. u.

Eine vierte Partei jedoch, das Gros des Volkes, hatte bis jetzt noch gar nicht mitgesprochen. Erst durch den Sieg der Hellenisten, durch den klar zu Tage tretenden Entnationalisirungsplan des Königs Antiochus wurde das Volk aus seinem Stillleben aufgeschreckt; hatte es sich genöthigt gesehen, Partei zu ergreifen und sich den Assidaeern, den Vorkämpfern der Nationalität, angeschlossen. Dadurch aber war auch eine Neubildung der Parteien, eine veränderte Taktik den Gegnern gegenüber bedingt. Den offnen Kampf für Religion und Nationalität, die blutige Entscheidung in offner Feldschlacht, diese neugebildete Partei hat es bewirkt und führte es durch, zuerst mit Hilfe der ganzen Partei der Assidaeer und eines Theiles der nationalhellenistischen Partei. In der zweiten Periode unseres Zeitraumes aber hat die Configuration der Parteien sich wesentlich geändert. Die Mitte, und diesmal die thatkräftige Mitte, bilden die Hasmonaeer, die die Freiheit und Grösse des Vaterlandes zu erstreben schon beginnen. Darin werden sie von den Assidaeern nur insoweit unterstützt, als die freie Ausübung der Religion mit im Spiele ist. Ihre Gegner sind die Hellenisten, die mit den Feinden des Vaterlandes vereint kämpfen. Und so wird schon jetzt die Bildung der Parteien der Sadducaeer[1]) und Pharisaeer angebahnt, die nach Niederwerfung der Hellenisten auf dem befreiten Boden Judaeas sich als Gegner gegenüber traten.

Die grossen, politischen Welthändel — der Kampf der Seleuciden und Ptolemäer um den Besitz Cölesyriens seit 217 v. Chr. — hatten auf Judäa die Rückwirkung geübt, dass sich daselbst eine aegyptische und eine syrische Partei gebildet hatten; die Anhänger der ersteren bildeten zugleich die streng nationale, conservative Partei, während in der letzteren noch alle hellenisirenden Schattirungen vereint waren.

Seit der Absetzung des hohen Priesters Onias[2])

---

[1]) פְּרוּשִׁים und צְדוּקִים.

[2]) Der etwa 173 v. Chr. auf Anstiften des Menelaos gegen den Willen des Königs ermordet wurde. Joseph. Ant.

und die Uebertragung dieser Würde auf Jason war die hellenistische Partei zur Herrschaft im Lande gelangt. Doch die verschiedensten Richtungen waren in der siegenden Partei vertreten gewesen, von denen, die griechischer Kunst und Wesen die ihnen gebührende Bewunderung zollten, bis zu jenen, die alles Nationale völlig abstreiften, da dieses und die dadurch hervorgebrachte Absonderung von den andern Völkern nur Unglück über das Volk gebracht habe[1]), die stets bereit waren, wie es auch wirklich eine Gesinnungsgenossin später gethan haben soll[2]), den Altar des Herrn mit Füssen zu treten, dessen Verehrung ihnen nur das Mark des Landes zu verzehren schien, ohne dass in Zeiten der Noth eine Hilfe von ihm zu erwarten sei. Diese bisher vereinten Gegensätze mussten, da kein Kampf gegen einen gemeinsamen Gegner sie ferner zusammenhielt, nothwendig aufeinanderstossen. Gesiegt hatten sie unter Führung des Theiles der Partei, der noch die meisten Anknüpfungspunkte mit der Vergangenheit hatte, und in Jason, einem Nachkommen des alten Hohenpriestergeschlechtes, war eben diesem Theile der Sieg zu Gute gekommen. So war wohl nicht blos persönlicher Ehrgeiz der Grund für den Menelaos, einen Priester aus dem Hause מִיָמִן —

Mjamin —, (wie Herzfeld[3]) treffend für Benjamin liest), welcher mit den Tobiaden Führer der extremen Hellenisten war, dass er durch Ueberbietung des Jason beim Könige Antiochus, sich selbst, der erste aus einem andern Hause seit davidischer Zeit, die Hohepriesterwürde übertragen liess. Nun erst wagte diese Partei mit ihrer Entnationalisirung hervorzutreten. Ein Gymnasium ward in Jerusalem errichtet und in Allem ahm-

---

XII. II. Macc. 4. 30. Synk. Chron. p. 278, die Antiochus z. Z. in Cilicien weilen lassen, da $Ταρσεῖς$ $καὶ$ $Μαλλῶται$ $κατὰ$ $Ἀντιόχου$ $ἐστασίασαν$, $ὡς$ $δωρεᾷ$ $διδόμενοι$ $τῇ$ $παλλακῇ$ $αὐτοῦ$ $Ἀντιοχίδι$. Den Mörder Andronikos bestrafte er.

[1]) I. Macc. 1, 11. [2]) Talmud Bab. Sukkah 38. [3]) Geschichte d. Volk. Israel. I. S. 218, Anm. 65.

ten sie den Heiden nach. Das zweite Maccabäerbuch¹), das überhaupt nur hin und wieder eine richtige Notiz enthält, im Allgemeinen aber Alles verwirrt und untereinanderwirft, hat auch hier das richtige Sachverhältniss entstellt, indem es Jason²) schon die Einrichtung eines Gymnasiums und sonstiger Anstalten zur Hellenisirung des Volkes zuschreibt. Richtig dagegen hat Josephus³) die Sachlage referirt, dass Menelaos und seine Partei, in welcher die Tobijaden die Hauptrolle spielten, Antiochus neben dem Gelde als Preis für die Absetzung des Jason den Abfall vom Judenthume angeboten haben, und als ersten Schritt hierzu die Erlaubniss erbaten, in Jerusalem ein Gymnasium zu errichten. Und wohl passte dieses Entgegenkommen dem Könige Antiochus; denn mit Salvador⁴) müssen wir annehmen, da Herzfelds Einwürfe⁵) nichtssagend sind, dass in ihm schon lange der Plan zur Reife gekommen war, eine Reorganisirung seines Reiches vorzunehmen, um es fähig zu machen, einst in dichtgeschlossner Reihe Front gegen Rom zu machen. Besonders trat dies seit dem Jahre 168 v. Chr. — nach der Gesandtschaft des Popillius — hervor, also einer Zeit, die mit der offenen Unterdrückung des jüdischen Gottesdienstes zusammenfällt. In Rom waren diese Pläne denuncirt worden⁶). Deshalb wurden auch Tiberius Gracchus und später G. Sulpicius als Gesandte zum Spioniren zu ihm geschickt, die aber durch seine Verstellungskunst getäuscht wurden. An derselben Stelle versichern Diodor⁷) und Polyb.⁸), dass Hass gegen Rom tiefverborgen in seinem Innern schlummerte, wie denn auch Diodor⁹) die grossen Spiele in Daphne als eine warnende Mahnung gegen Rom ansieht. Bei einem solchen Plane musste er es sich sagen, dass die Art der Verwaltung, wie sie Alexander

---

¹) Kap. IV. ²) Und ebenso Synk. Chron. p. 277 — der es excerpirt. ³) Archaeol. XII. 5. 1. ⁴) Histoire de l'empire Rom. en Judée, Anfang. ⁵) l. l. S. 234. ⁶) Polyb. ed. Gron. exc. leg. 104 und 105, ed. Becker 31, 5, 6. ⁷) Eclogae, S. 822. ⁸) ex. l. 101. ⁹) In excerpt. de virtutibus et vitiis, S. 318.

und die Diadochen aus dem persischen Reiche überkommen hatten, wohl angemessen sei den Zuständen, wie sie noch in seinem Reiche herrschten; dass diese weite Decentralisation angepasst wäre dem Umstande, dass ein jedes Volk seines weiten Reiches dem Gotte seines Landes diene und seine eigene Sprache rede. Aber er sah es ebensowohl und konnte es aus der persischen Geschichte und den Erlebnissen seines Vaters entnehmen, dass ein so regiertes Volk keinem, noch so kleinen, von nationalem Geiste getragenen Heere, Widerstand zu leisten vermöge. Und so musste er centralisiren, aus den Völkern seines Reiches ein Volk schaffen, und hierzu war es nöthig vor Allem, dass soweit sein Wille gebot, auch seine Götter verehrt, seine Sprache gesprochen würde. Das Letztere war nur durch das Erstere zu erreichen. Und so ist Daniel[1]) וְיָבֵן עַל עֹזְבֵי בְּרִית קֹדֶשׁ „Er hörte auf die vom heiligen Bunde Abgefallenen", das Herzfeld gegen Salvador anführt, auch kein Widerspruch, da sie ihm natürlich Mittel und Wege angaben, wie er bei den Juden seine Absicht durchführe; wie auch ein ganz treffender Beleg dafür sich im Midrasch Le Chanuka[2]) findet, wo erzählt wird: וְהָיָה שָׁם מְשׁוּמָד אֶחָד בְּלִיַעַל תִּתְנִי בֶּן פַּחַת שְׁמוֹ שֶׁהָיָה יוֹעֵץ עֵצוֹת רָעוֹת עַל יִשְׂרָאֵל „Daselbst war ein Abtrünniger Thisni, Sohn des Pachas, der böse Rathschläge gegen Israel sann", worauf in weitschweifiger Weise angegeben wird, wie dieser Abtrünnige den Syrern die Gesetze und Verbote eingegeben habe, die zur Unterdrückung der jüdischen Religion nöthig waren. Glauben wir auch nicht, dass diese Persönlichkeit und ihre Rathschläge ein historisches Factum sind, so kennzeichnet diese Notiz doch das Treiben der Hellenisten und unterstützt eine Annahme, die auch ohne diesen Beweis durch ihre innere Wahrscheinlichkeit gehalten wird. Bei einem solchen Bestreben der herrschenden Partei konnte es an Streitigkeiten und kleinen Aufständen im Volke nicht feh-

---

[1]) Kap. 11, 30. [2]) Jellinek, Beth Hamidrasch I, S. 134.

len. Sei es nun, dass das zweite Maccabäerbuch[1]) einmal eine wirklich historische Thatsache meldet, dass Jason es versucht, mit gewaffneter Hand den Menelaos zu stürzen und dabei vom Volke unterstützt worden sei, jedenfalls sind während des Feldzuges des Königs in Aegypten im Jahre 170 v. Ch. auf die Nachricht hin, er habe dort eine Niederlage erlitten und wäre selbst gefallen[2]), Unruhen in Judaea vorgekommen, die Antiochus veranlassten nach Jerusalem zu eilen. Ob die Nachricht, dass das Volk gegen Antiochus Epiphanes die Stadt vertheidigt habe, und deshalb ein grosses Blutbad angerichtet worden sei[3]), hierher bezogen werden kann, wofür auch Josephus „τήν τε πόλιν αἱρεῖ κατὰ κράτος"[4]) wogegen aber derselbe Schriftsteller in der Erzählung dieser Zeit zu sprechen[5]) scheint, wage ich nicht zu entscheiden. Das ist sicher, dass er Viele niedermetzeln liess, natürlich Anhänger der nationalen ägyptischen Partei, und mit Hilfe des Hohenpriesters den Tempel beraubte. Diese Beraubung des Heiligthumes motivirt Josephus[6]) durch den Geldmangel des syrischen Königs; also hat sie sich wohl auf den reichen Tempelschatz beschränkt, weshalb auch keine Tempelschändung hierbei erwähnt wird, mit Ausnahme, dass Antiochus selbst das Allerheiligste betreten habe.[7]) Nach seinem Abzuge aber erhob sich die nationale Partei, verstärkt durch die Majorität des Volkes, welche durch das Gebahren des Königs in ihren heiligsten Gefühlen gekränkt war, unter Onias, dem jungen Sohne des früheren Hohenpriesters Onias.[8]) Deswegen wohl von den Hellenisten darum angegangen und um endlich den Hauptschlag

---

[1]) 5. 1—10. Ebenso Synk. Chron. 286 d: Menelaos und Jason οἱ δὲ στασιάσαντες πρὸς ἀλλήλους hätten grosses Unglück den Juden gebracht. Dieses ist jedoch vollständig aus II. Macc. excerpirt und wird unter Eupator berichtet.
[2]) Hier. ad Dan. XI. p. 601. [3]) Jos. de. bel. jud. 5, 19, 4.
[4]) eod. l. 11. [5]) Archaeol. XII. 5, 3. [6]) Joseph. c. Ap. II. 7 nach Nicolaus Damasc. Timagenes, Castor und Apollodor.
[7]) Diod. Sicul. frg. l. XXXIV. Joseph. l. l. [8]) Joseph. d. bel. jud. I. 1, 1.

zu thun, sowie um der unaufhörlichen Geldnoth auf einen Augenblick wieder abzuhelfen, da noch alle kostbaren Geräthe im Tempel waren,[1]) zog der König selbst,[2]) oder sandte er im Jahre 168 v. Chr. einen Obersteuereinnehmer[3]) mit einem Heere nach Jerusalem. Onias entfloh nach Aegypten.[4]) Das Heer ward nach gegebenen Versicherungen der friedlichsten Absichten in die Stadt aufgenommen. Aber kaum hatte es dieselbe betreten, als ein entsetzliches Morden begann, in welchem auch viele Hellenisten, wohl Anhänger der gemässigteren Partei, ihr Leben verloren. Andere, und nicht aus den niederen Schichten der Bevölkerung, wurden mit Weibern und Kindern in die Gefangenschaft geführt, von wo sie erst nach dem Frieden des Jonathan und Bakchides wieder in die Heimath zurückkehrten.[5]) Der schönste Theil der Stadt wurde verbrannt, die Mauer zerstört, der Tempel vollständig geplündert[6]) und hierauf in der unteren Stadt, in der $\pi\acute{o}\lambda\iota\varsigma$ $\varDelta\alpha\upsilon\acute{\iota}\delta$, eine Festung, die ῎$A\varkappa\varrho\alpha$,[7]) erbaut, die den Tempel überragte.[8]) So war der König und sein Anhang Herr der Stadt geworden, denn als Besatzung lagerte in dieser Zwingburg Jeru-

---

[1]) Joseph. c. Ap. II. 7. [2]) Vom vierten ägyptischen Zuge heimkehrend. Bei Hieron. in Dan. XI. 44 werden beide Ansichten referirt, jedoch ist es unwesentlich, ob er in Person oder durch seine Diener die Plünderung etc. ausgeübt habe. Jos. Arch XII. 5, 4. Die Ansicht des Hier. l. l. 11, 44 selbst, wie auch die im Buche Daniel ausgesprochene, ist, dass Antiochus 168 selbst dahin gekommen sei, wobei er gegen phönic. Städte habe kämpfen müssen; sein Lager war bei Emmaus. [3]) II. Macc. G. Cedren. 1, 286—288. [4]) Jos. d. b. j. I. 1. [5]) Daher auch im Talmud und Midrasch öfter der Ausdruck גָּלוּ לְיָוָן „als sie nach Griechenland exilirt wurden" — z. B. Midrasch Thren. 69. [6]) I. Macc. 1, 38 Jos. Ar. XII. 5, 4. [7]) Robinson, Neuere Forschung. 267: Auf der Nordseite Zions war der Hügelrücken — der Akra — auf dem jetzt die Kirche des hl. Grabes steht. [8]) Das ist nach Hier. l. l., wie auch wahrscheinlich, in diesem Zuge geschehen, Jos. l. l.

salems eine Abtheilung syrischer Truppen nebst den
ἀσεβεῖς καὶ πονηροί, d. h. den Hellenisten. Flathe[1])
hält diesen Zug für identisch mit dem ersten des
Antiochus und setzt diesen einzigen Zug des Königs
in das Jahr 168 v. Chr., während Johannes Antiochenus[2])
ebenfalls nur einen Zug annimmt, aber den vom
Jahre 170 v. Chr., da er denselben nach der Vereinigung
des älteren Ptolemäus mit Antiochus ansetzt.
Bei Letzterem geschieht das, um kurz nur das Bedeutende
zu referiren, bei Ersterem aber liegt ein Irrthum
zu Grunde. Nun erst erging nach dem I. Macc.[3]) der
Befehl an alle im syrischen Reiche sesshaften Völker,
den Cult der griechischen Götter einzuführen. Diese
Angabe wird durch das Buch Daniel unterstützt, das[4])
anzudeuten scheint, dass Antiochus selbst die nationalsyrischen
Gottheiten und deren Verehrung verpönt
habe. Da jedoch die Hinzufügung neuer Culte zu den
altnationalen im Alterthume eine keineswegs selten
oder vereinzelt auftretende Erscheinung ist, vielmehr
die religiöse Toleranz so weit ging, dass Culte des
verschiedensten Ursprunges in der Staatsreligion eines
Volkes im Laufe der Zeit Aufnahme fanden (vergl.
die Entstehung der Staatsculte bei Vereinigung der
einzelnen griechischen Landschaften z. B. Attica-ostattische
Ebenen, Athen und Eleusis, deren Culte beim
συνοικισμός verschmolzen wurden; wie auch in späterer
historischer Zeit die Anhäufung der den verschiedensten
Völkern angehörigen Gottheiten in Rom) ohne
das religiöse Gefühl der Einzelnen zu verletzen, so
erregte auch dieser Befehl des Antiochus in den andern
Ländern seines Reiches mit Ausnahme Persiens[5])
weiter keinen Anstand. Denn der Dienst der einhei-

---

[1]) Maced. Gesch. II. 640. [2]) Bei Müller frg. IV. 558, 58.
[3]) 1, 41. [4]) K. 11, 36, 37. Ob der daselbst genannte
Gott der Veste, den der König allein verehrt habe, der Jupiter
Capitolinus oder eine Form des griechischen Zeus sei,
ist eine strittige Frage, zu deren Entscheidung das Material
fehlt. Wahrscheinlich jedoch ist Zeus gemeint, wie auch
Theodot. bei Hier. in Daniel l. l. es annimmt. [5]) Vid unten.

mischen Gottheiten wurde ja dadurch nicht verkümmert, dass der Festcatalog durch Aufnahme der griechischen Feste erweitert wurde. Wie denn daselbst etwa berichtete Aufstände nur der Steuern oder sonst politischer Verhältnisse wegen ausbrachen.[1]) In Judaea aber schloss der nationale Gott die Verehrung eines jeden andern Gottes aus. Eine Vermischung mit fremden Culten — wie sie sich in der Religion der Samaritaner vollzogen hatte — galt einer Vernichtung der angestammten Religion gleich, und so wurde auch die heidnische, den politischen Zwecken dienstbare, Staatskirche intolerant. Der Opferdienst im Tempel ward untersagt, die Ausübung der Beschneidung, die Sabbatsfeier, der Besitz der Torarollen bei Todesstrafe untersagt.[2]) Endlich ward der Tempel dem Zeus geweiht, dessen Bildsäule unter dem שִׁקּוּץ מְשׁוֹמֵם, dem βδέλυγμα τῆς ἐρημώσεως zu verstehen ist, welches nach Daniel[3]) im Heiligthume errichtet wurde. Viele Schriftsteller berichten dieses Aufstellen eines Götzenbildes im jüdischen Tempel,[4]) so dass es auffallend wird, dass erst ein neuerer Historiker[5]) dieser Thatsache durch eine geistreiche Begründung Glauben zu erwerben mit Erfolg sich bemüht hat. Aller Orten

---

[1]) z. B. v. Synkellos Chron., p. 278. [2]) I. Macc. 1, 57. [3]) l. l. vid. Graetz Dauer etc. (Seminarprogramm 1864) S. V, Anmerkung 2. [4]) Johannes Antioch. bei Mueller frg. IV. 558 Διὸς Ὀλυμπίου ἀνέστησεν ἄγαλμα. Synkell. Chr. p. 278. Antiochus habe nach dem vierten ägyptischen Zuge βδέλυγμα Διὸς Ὀλυμπίου aufgestellt. Hieronym. in Daniel VIII. 10. IX. S. 502. XI. 11. XII. 7, dass der König nicht nur das Götzenbild, sondern auch sein eigenes Bild darin aufgestellt habe. Auch der Midrasch Acher Lchanuka bei Jellineck B. H. S. 139 kennt das Aufstellen einer Statue:

וַיַּכְעִיסוּהוּ בְּבָמוֹתָם וּבִפְסִילֵיהֶם יַקְנִיאוּהוּ בְּמִזְבַּח אֱלֹהִים

„Sie erzürnten ihn durch ihre Opferhöhen und durch ihre Bilder kränkten sie ihn am Altar des Herrn". [5]) Graetz: Dauer der gewaltsamen Hellenisirung vid. Seite 12, Anmerkung 1.

wurden den griechischen Gottheiten Tempel und Altäre errichtet, ihnen Schweineopfer dargebracht, und die Juden gezwungen, dieses Fleisch zu essen. Das Verlöschen der ewigen Lampe — also das Verbot des jüdischen Cultus im Tempel — das Zerreissen der Gesetzesbücher, die Schweineopfer und den Zwang davon zu essen, berichtet auch Diodor,[1]) so dass wir diese Thatsache als historisch gesichert geben können. Obschon die Erzählung der Apokryphen von den Märtyrern dieser Zeit eben apokryph ist, so unterliegt es doch keinem Zweifel, dass das Blut von Gesetzestreuen durch Schergen oder Henkershand geflossen ist, wie es die treueste Quelle, das Buch Daniel[2]) angiebt:[3]) die Frommen — מַשְׂכִּלִים — würden וְנִכְשְׁלוּ בְּחֶרֶב וּבְלֶהָבָה בִּשְׁבִי וּבְבִזָּה straucheln durch Schwert, Feuer, Gefangenschaft und Plünderung. Mit Recht schliesst Lengerke[4]) aus demselben Buche auf Confiscation der den Widerspenstigen gehörenden Besitzungen. Auch der Psalm 79,[5]) welcher diese ganze Zeit bis kurz vor der Tempelweihe schildert, der fast eine Aufforderung zur Wiederherstellung des Gotteshauses enthält, charakterisirt in kurzen Zügen das tyrannische Verfahren[6]): נָתְנוּ אֶת נִבְלַת עֲבָדֶיךָ מַאֲכָל לְעוֹף הַשָּׁמַיִם בְּשַׂר חֲסִידֶיךָ לְחַיְתוֹ אָרֶץ „Die Leichname deiner Diener gaben sie hin zum Frasse den Vögeln des Himmels, das Fleisch deiner Frommen den Thieren des Feldes." Die Verehrung eines dem Hermes sehr ähnlichen Gottes

---

[1]) Eclogae exc. 34. [2]) Hieron. Einleitung zu Daniel ed. Frankfurt a/M. II. S. 481, 482: Schon Porphyrius habe behauptet, dass dieses Buch z. Z. des Epiphanes geschrieben worden und was bis zu dieser Zeit darin erzählt werde, wahr sei. Der Zug von 168 v. Chr. werde geschildert XI. 30—33. [3]) XI. 33. [4]) Das Buch Daniel zur Stelle XI. 39 וְאֲדָמָה יְחַלֵּק בִּמְחִיר „Land wird er um Bezahlung verkaufen". [5]) V. 2—3. [6]) vide gegen Ende dieser Schrift. Eusebius dem. ev. X. 1 bezieht ihn auf diese Zeit, indem er darin eine Schilderung der Gräuel und Gewaltthat des Antiochus findet.

wurde von den Gewalthabern befohlen,[1]) was auch der Midrasch Lchanuca[2]) zu bestätigen scheint, wenn er erzählt: בִּימֵי מַלְכוּת יָוָן הָרָשָׁע נָזְרוּ עַל יִשְׂרָאֵל שֶׁכָּל מִי שֶׁיֵּשׁ לוֹ בְּרִיחַ בְּתוֹךְ בֵּיתוֹ יַחֲקוֹק עָלָיו שֶׁאֵין לְשׂוֹנְאֵי יִשְׂרָאֵל[3] חֵלֶק וְנַחֲלָה בֵּאלֹהֵי יִשְׂרָאֵל „Unter der griechischen Herrschaft wurde verordnet, dass Jeder, der einen Riegel in seinem Hause habe, daran hefte, er habe keinen Antheil am Gotte Israels", worin doch entweder die Verehrung der vor den Häusern aufgestellten Hermen, des Strophaios,[4]) oder, wie Grotius[5]) meint, eines auch in den Orphischen Hymnen erwähnten ϑεός προϑυραῖος angedeutet ist. Auch die Einführung des Dionysos-Cultus wird erwähnt.[6]) So war der griechische Gottesdienst fast vollständig eingeführt,[7]) und die umliegenden Völker konnten um so eher die spöttische Frage an die Juden richten, wo denn ihr starker Gott sei, da er in solcher Zeit seine Hilfe zurückhalte, als selbst die stammverwandten Samaritaner sich völlig von der Gemeinschaft mit den Juden losgesagt und auf ihre Bitte die Erlaubniss erhalten hatten, ihren Garizimtempel dem Zeus Hellenios oder Xenios[8]) zu weihen und zwar am 18. Hekatombaion des Jahres 146 ae. S. — August 168. Da nämlich das Jahr nach der Aera Seleucidarum im Sommer begann,

---

[1]) I. Macc. 1, 55. [2]) Jellinek B. H. I. S. 133. [3]) Den Feinden Israels ist euphemistisch gesagt, anstatt Israel selbst. [4]) Etymologicum magnum 730, 46. Στροφαῖος: Ὁ παρὰ ταῖς θύραις ἱδρυμένος Ἑρμῆς· παρὰ τόν στροφία τῆς θύρας. Hesychius ed M. Schmidt I. S. 193 Ἑρμῆς στροφαῖος: Ὁ παρὰ στρόφιγγι τῆς θύρας ἱδρυμένος. [5]) Zu I. Macc 1, 54. [6]) II. Macc. 6, 7. .vide Herzfeld, Gesch. S. 257. [7]) Nach dem II. Macc. 6, 8 hätten die Ptolemäer gleichlautende Befehle in Betreff der ihrer Herrschaft unterworfenen Juden erlassen. Was aber, da es allzusehr mit der Gesammthaltung fast aller Ptolemäer gegen die Juden contrastirt, besser beglaubigt sein müsste, um Glauben zu finden; besonders, da dieser Umstand ein recht wirksames Motiv für die Mahnung an die ägyptischen Juden das Weibefest mitzufeiern, abgab. Und diese Mahnung wird ausdrücklich als Endzweck dieser Schrift im K. 1 und 2 hingestellt. Liessen sich Zeichen der Bedrückung schon aus dem Jahre 170 v. Chr. finden, so wäre allerdings für diese Nachricht ein historischer Hintergrund gegeben, da Antiochus damals fast ganz Aegypten beherrschte. Davon haben wir aber auch nicht eine Spur. [8]) Jos. Arch. XII. 5, 6.

so war der Hekatombaion wohl der erste Monat des neuen Jahres. Ist dieses richtig, so ergiebt sich auch hieraus ein Beleg für die von Graetz aufgestellte Ansicht,[1]) welche den gewöhnlichen, dem I. Maccab. und Josephus entnommenen Angaben, dass am 15. oder 25. Kislew die Entweihung des Tempels begonnen habe,[2]) zuwider, auf den 17 Tammus[3]) den Beginn des Unheils fixirt, so dass die Umwandlung des samaritanischen Cultus fast in dieselbe Zeit fiele. Auch Ewald[4]) erwähnt die Notiz der Megillat Taanis zu diesem Tage und unterstützt wider Willen die Annahme von Graetz durch die gute Conjectur, dass er statt אפוסטסמים[5]) lies αἰπύστομος, und dieses für eine witzige Umdrehung von Epiphanes hält, anknüpfend an Daniel[6]) פֻּם מְמַלֵּל רַבְרְבָן „Der grosssprecherische Mund", in welcher Schrift diese Eigenschaft des Königs noch an mehreren Stellen hervorgehoben wird.[7]) Dass aber trotzdem der 25. Kislew — November — December — so sehr hervorgehoben wurde, dass er unsern Quellen sogar als Beginn der Tempelentweihung galt, scheint zum Theil in der Sucht, überall ein Wunder zu finden, begründet, da man hierdurch die merkwürdige Thatsache schuf, dass am Tage der Entweihung später auch die Weihe stattgefunden habe;[8]) sodann aber mag es auch darin seinen Grund haben, dass nach[9]) Raoul Rochette in Syrien, und also jetzt auch im Tempel zu Jerusalem, der 25. jeden Monats dem Zeus geweiht war, jedoch am 25. dieses Monats sein Hauptfest stattfand. Und so fände sich, wenn wir die Angabe des 15. beim I. Macc.[10]) als Corruptel ansehen, gar kein Widerspruch gegen die Annahme des Dr. Graetz, da der 25. Kislew als erste Hauptfeier des heidnischen Gottes

---

[1]) Entwickelt in: Dauer der gewaltsamen Hellenisirung der Juden und der Tempelentweihung durch Ant. Epiphanes — gedruckt als Programm-Arbeit des jüdisch theologischen Seminars, Breslau 1864. [2]) Nach Macc. a 145 — also 168: Ewald. [3]) 21—22. Juli 168 — also vier Wochen nach der Schlacht bei Pydna. [4]) IV. S. 381, Anmerkung II. [5]) Scholion der M. Taanis zu diesem Tage. [6]) 7, 8. [7]) Ewald, S. 389, Anmerkung 2. [8]) Siehe weiter unten. [9]) In Mémoires de l'academie des inscr. 17, 2, p. 25 f. bei Ewald I. S. 406, Anmerkung 3. [10]) l. l.

im Tempel zu Jerusalem am ehesten sich im Gedächtnisse erhalten hat und so später als Beginn der Entweihung angesehen wurde. — Da, wie schon gesagt, eine Verfolgung der Gesetzestreuen von diesem ganzen Systeme untrennbar war, und eine Schergen und Schreckensherrschaft sich entwickelte, können wir die Berichte von Schändungen und andern Unthaten nicht als Ausgeburten des beschimpfenden Hasses betrachten, sondern glauben vielmehr, dass den Schandthaten, — Schändungen, Mord und Raub — die im Midrasch Lechanuca[1]) und ähnlichen Schriften berichtet werden, ein wahrer Kern zu Grunde liege. War es nicht ein rohes Gesetz, so war es rohe Gesetzlosigkeit, die dergleichen Dinge erlaubte. Aber[2]) וּבְהִכָּשְׁלָם יֵעָזְרוּ עֵזֶר מְעָט „Indem sie fallen, entsteht ihnen eine kleine Hilfe." Ein Priester aus der angesehenen Familie Jojarib — wodurch sich auch die Bezeichnung des כֹּהֵן הַגָּדוֹל als Uebersetzung von 'ιερεύς oder 'αρχιερεύς „angesehener Priester" erklärt — Mathatias ben Jochanan ben Schimeon hatte sich aus Jerusalem, wohl schon bei Einstellung des Opferdienstes nach Modein — מוֹדְעִים liest die Pschita — zurückgezogen, wo er wahrscheinlich seine Verwandtschaft und Besitzungen hatte, was aus der Anrede des Apelles an ihn hervorgeht.[3]) Dieser Ort, ein Dorf — חָצֵר offner Ort — westlich von Jerusalem[4]) (nicht weit von der Küste gelegen), der vielleicht in dem heutigen Dair Main[5]) östlich von Ramlah zu finden ist,[6]) — bot ihm vorläufig Sicherung vor den Verfolgungen, die ihm, als einem ge-

---

[1]) Jellinek, Beth Hamidrasch. [2]) Daniel 11, 33. Dass die Maccabäer schon früher aufgetreten seien, sind spätere Sagen. — Wie auch, dass Mathatias mit dem Gedanken an thatkräftigen Widerstand nach Modeim sich zurückgezogen habe. Josipp. III. 7. [3]) I. Macc. 2, Anfang. [4]) In der Nähe Jerusalems, das selbst von Joppe aus gesehen wird, Strabo 759, 60. [5]) Ewald IV. S. 400, Anmerkung 2 (II. Auflage). [6]) Nach Robinson, Neuere Forsch, S. 197, aber identisch mit el-Látròn dicht an der s. Seite des Weges von Amwâs (Emmaus 20 Minuten davon) nach Jerusalem (also etwa 3 Meilen von Jerusalem). Besonders Lage auf Höhe unterstützt diese Ansicht und spricht gegen die Ewalds, der nur, um den Ort vom Meere aus sichtbar werden zu lassen, ihn an die Nähe der Küste versetzt.

setzestreuen Priester in Jerusalem gedroht hätten. Er führt den Beinamen חַשְׁמוֹנָאִי und seine Nachkommen heissen בֵּית חַשְׁמוֹנָאִי, was Ewald nach Josephus[1]) mit Abkömmling von einem Urgrossvater חַשְׁמוֹן übersetzt, welches Herzfeld[2]) aber richtiger entweder als — nach Arabischem — „Vornehm", oder als Beiname, den er durch sein Auftreten jetzt in der Verfolgung erhalten hat, von חַשְׁמַל Stahl „als Schmied, Hämmerer" deutet. Was auch durch den Ausdruck im סְפָרִים דִּבְרֵי מַלְכֵי יִשְׂרָאֵל בְּבַיִת שֵׁנִי und הַקַּבָּלָה להראב״ד הוּא הַנִּקְרָא חַשְׁמוֹנָאִי „Das ist der Hasmonai Genannte" derart unterstützt wird, dass man die Verfasser jener Schriften dieselbe Ansicht theilen sieht. Besonders die zweite Deutung stimmt auch überein mit dem bei Eusebius[4]) erhaltenen Titel der Maccabaeerbücher Σαρβήθ σαρβανέ ἔλ „Ruthe der Abtrünnigen": שְׁבָטִים סַרְבָּנֵי אֵל," und dem Beinamen Judas מַקְבִי, der übereinstimmend mit Martel „der Hammermann" übersetzt wird, was auch die ritterliche Tapferkeit, die Juda mit dem löwenherzigen Stammvater gleichen Namens theilte, erläutert.[5]) Auch die andern Söhne des Mathatias hatten Beinamen und zwar nach Herzfelds Erklärung[6]) Jochanan Gadis-קָדִישׁ — (Heilige) Simeon Thassi-תַּכְשִׁיט — Schmuck — Jonathan, Apphus-הַפּוּשׁ — der Listige — Eleaser, Auaran oder nach der Peschita חָרִין „der grimmig Blickende." — Nachdem es den Syrern in Jerusalem gelungen war, ihre Absicht durchzusetzen, und dort nur noch freiwillige oder gezwungene Hellenisten sich aufhielten, wurden

---

[1]) Arch. XII. 6a. [2]) I. S. 264, Anmerk. 78. [3]) Mittelalterlichen kleinen historischen Schriften, die als Quelle natürlich nicht zu benutzen sind. [4]) Hist. ecclesiast. 6, 25. [5]) Vergl. auch Megillat Antiochus bei Jellinek B. H. I. S. 149. [6]) l. l. I. S. 266, Anmerk. 79, die wir wiedergeben, ohne jedoch ihr beizutreten; um wenigstens eine der verschiedenen Namensdeutungen als Beleg dafür anzuführen, dass eine richtige Erklärung bisher noch nicht gelungen ist.

kleine Detachements in die umliegenden Orte gesandt, die, den Dragonaden Ludwigs XIV. gleich, mit ihrem Schwerte die Hoheit ihres Glaubens und dessen allsiegende Macht predigen sollten, wo das Wort keine Stätte gefunden hatte. Auch nach Modeim gelangte eine solche Abtheilung mit solcher Ortskenntniss ausgerüstet, dass sie sogleich den Mathatias als den Vornehmsten im Orte aufforderte auch zuerst den Götzen auf einem dazu erbauten Altare zu opfern, wofür sie ihm Geschenke und die Gunst des Königs in Aussicht stellten.[1]) Als er aber sich weigerte und ein anderer Einwohner hinzutrat, um das Opfer zu verrichten, tötete er diesen, und auch den königlichen Beamten, wohl in einem Gefechte, das sich zwischen den syrischen Soldaten und Mathatias nebst seinen Söhnen und Anhängern deshalb entsponnen hatte. So war das Zeichen zum thatkräftigen Widerstande gegeben. Denn die חֲסִידִים, die Assidaeer, haben es von Anfang an nie weiter, als bis zum passiven Widerstande gebracht. Sie, die Gesetzestreuen, die Gesetzeslehrer, eigneten sich wohl dazu, im Frieden mit friedlich belehrenden Worten das Volk zu leiten; aber in der Bedrückung fanden sie nur den Muth zum Leiden, das Vertrauen auf die Hülfe Gottes in sich. Nicht wie Ewald[2]) meint, waren sie eine geheime Verbindung zum Schutze und zur Pflege nationalen und religiösen Sinnes. Diese Ansicht scheint ihm vielmehr aus einer Parallele entstanden zu sein, in die er jene Zeit mit der Franzosenherrschaft in Deutschland stellte, wobei natürlich ein Treubund nicht fehlen durfte. Sie waren vielmehr das den Hellenisten entgegenstehende Extrem, aber ohne alle Parteidisciplin, ohne jeden politischen Blick, untereinander verbunden durch gleiche Liebe und Aufopferungsmuth für Gott und sein Gesetz. Auch sie hatten sich dem Ansinnen der Syrer nicht gefügt, aber sie hatten nur Märtyrer oder Flüch-

---

[1]) I. Macc. 3, 35, ebenso Daniel 11, 39: „Wer Anerkennung übt, dem wird er grosse Ehren ertheilen und ihnen Herrschaft geben über Viele und Land vertheilen um Bezahlung", was nach Hieron. z. St. Viele bewog, Frömmigkeit zu heucheln, um dann ihren Abfall desto werthvoller erscheinen zu lassen. [2]) l. l.

tige liefern können. Diese waren in die Kalkgebirge gezogen, hatten sich dort in den zahlreichen Höhlen wohnlich eingerichtet, und warteten daselbst der Zeit, bis es dem Herrn gefallen würde, das Unheil von seinem Volke abzuwehren. Die Hellenisten und Syrer jedoch verkannten in wildem Uebermuthe, wie nützlich es ihnen sei, diese sich selbst isolirenden Männer in Ruhe zu lassen. Sie sandten vielmehr Truppen, die sie in den Gebirgen aufspürten, am Sabbath eine grosse Höhle umstellten, und, da die Assidäer nicht kämpften, noch Vertheidigungsmassregeln ergriffen, so häuften die Syrer nach Megillat Antiochus[1]) und Midrasch Acher Lchanuka[2]) Holz vor die Oeffnung der Höhle und töteten sie durch Feuer und Rauch. An tausend Personen, Mann, Weib und Kind starben diesen schrecklichen Tod.[3]) Da aber kam auch Mathatias und seine Begleiter im Jahre 168 v. Chr. ins Gebirge. Ihm war der Ruf seiner löwenherzigen That vorangegangen, und die Erbitterung über den schmählichen Tod der Ihrigen verstärkte seine Truppen durch die flüchtigen Assidaeer.[4]) Dass auch ihn die Syrer nicht in Ruhe lassen würden, wünschte und wusste Mathatias; deshalb bestimmte er, dass man auch am Sabbath dem Feinde Stand zu halten habe. Das Hauptverdienst des greisen Maccabaeers aber besteht in dem richtigen Blicke, mit dem er erkannt, dass der Natur des Landes, der Lage der Dinge und dem Wesen seiner Genossen nur der Guerillakrieg angemessen sei. Den Feind zu beunruhigen, kleine Detachements zu vernichten, Gesetzestreue zu schützen, das konnte er mit den ihm zu Gebote stehenden Mitteln erreichen, und jeder, noch so kleine, Erfolg war ein grosser Fortschritt, da er den Muth seiner Schaar hob, den Gesetzestreuen Hoffnung, den Hellenisten Furcht einflösste und die Schwankenden wieder festigte, während ein Umfall noch lange nicht dem ganzen Kriege ein Ende machte. So durchzog er denn mit seiner Schaar das Land in Sturmeseile, bald er-

---

[1]) Jell. I. S. 149. [2]) Jell. I. S 139, ebenso Josipp. III. 7.
[3]) L Macc. II. Joseph. Arch. XII 6, 2. [4]) Porphyr. bei Hieron. ad Daniel 12, 3: Viele seien mit ihm in die Einöde geflohen.

schien er hier, bald dort, da er wohl mit kleinern Abtheilungen operirte, wodurch mehr zu erreichen war und kriegstüchtige Anführer herangebildet wurden, wie auch wohl Juda schon in dieser Zeit die Augen Aller auf sich gelenkt als auf den „Hämmerer der Syrer."[1]) Und wo diese erschienen, wurden die kleinen syrischen Besatzungen verjagt, die Abtrünnigen bestraft, oder zur Flucht aus dem Lande zu den Heiden ringsum gezwungen, die Kinder in den Bund aufgenommen und alle Zeichen des Götzendienstes zerstört. Bei solchen Erfolgen war es natürlich, dass Viele der Unbestimmten, oder selbst der Hellenisten sich der augenblicklich siegenden Schaar anschlossen[2]) וְנִלְווּ עֲלֵיהֶם רַבִּים בַּחֲלַקְלַקּוֹת „Viele gesellten sich zu ihnen mit Verstellungskünsten", was der Disciplin nicht gerade zu Nutze kam, wie denn auch Daniel[3]) als Folge davon das וּמִן־הַמַּשְׂכִּילִים יִכָּשְׁלוּ „Es werden Viele von den Weisen fallen" hervorhebt zur Läuterung und Reinigung der Parteielemente; ein Ausdruck, der wohl auf manches unglückliche Treffen hinweist. Doch schon nach einem Jahre,[4]) etwa Ende 167 Anfang 166 v. Ch. starb Mathatias, nachdem er den Juda zum Heerführer, den Simeon als Berather empfohlen hatte. Und derart beherrschten die Gesetzestreuen schon das offene Land, dass sie seine Leiche zu Modeim beisetzen konnten. Johannes Antiochenus[5]) erzählt übereinstimmend mit den spätern jüdischen Sagen,[6]) dass Mathatias sogleich nach seiner Flucht aus Jerusalem die Fahne des Aufruhrs gegen die Syrer erhoben habe, da wäre Antiochus selbst gegen ihn gezogen, hätte ihn im Kampfe getötet und dann erst sei Schweineblut auf dem Altare vergossen worden. Diese Sagen, sowie diejenigen, nach welchen die Maccabaeer in ihrer Ehre empfindlich von einem Satrapen gekränkt, diesen ermordet und in Folge davon erst später einen Aufstand erregt hätten, sind

---

[1]) Porphyr. l. l. nennt als Führer der in die Einöde Fliehenden Mathatias und Juda. [2]) Daniel 11,34,35. [3]) eod. l. [4]) Ewald 4 S. 401; Herzfeld l. l. [5]) ap. Mueller frgg. [6]) Megillat Antiochus und Midrasch Lechanuka, bei Jell. B. H. I.

theilweise veranlasst durch den frühen, in einer Zeit beständigen Kampfes erfolgten Tod des Mathatias, wie denn sogar Porphyrius,[1]) dadurch irre geleitet, den Mathatias in einer Schlacht fallen lässt. Im Oberbefehl ward er nicht vermisst, da er einen würdigen Nachfolger in seinem Sohne erhalten hatte. Auch Juda wird zuerst die Kampfesweise seines Vaters beibehalten haben, denn seine Schaar war noch immer zu klein, um in anderer Weise aufzutreten. Wir müssen nämlich nach Allem, was uns berichtet wird, annehmen, dass ihm eine Kerntruppe von tausend Mann etwa zu Gebote stand, zu denen fast zweitausend Assidaeer, das heisst, nicht solch feste Anhänger der Hasmonaeer, dass sie ihnen unter allen Umständen gefolgt wären, kamen. In besondern Verhältnissen gesellte sich dazu ein Landsturm von etwa siebentausend Mann, der aber heute mitkämpfte und morgen schon nach Hause gekehrt war. Jedenfalls hatten es die Gesetzestreuen bis jetzt Frühjahr 166 v. Ch. soweit gebracht, dass die Syrer in den Festungen eingeschlossen, sich kaum ausserhalb derselben zu zeigen wagten, als Apollonius, der Militairgouverneur Samaria's,[2]) gegen die Hasmonaeer heranzog. Nicht nöthig ist es mit Ewald[3]) anzunehmen, dass Apollonius auch über Nord- und Mittel-Palaestina gesetzt gewesen, da es schon im persischen Reiche Sitte gewesen, dem mächtigen Satrapen eines dem Kampfplatze benachbarten Landes vom Hofe aus die Führung eines Krieges zu übertragen, und Seron[4]), der mit der Verwaltung Palaestinas gar nichts zu thun hatte, beweist die Richtigkeit unserer Annahme. Diesen Satrapen[5]) schlug Juda, tötete ihn selbst und nahm seine Spolien. Das Kriegsschwert des feindlichen Feldherrn ward der beständige Begleiter des jüdischen Führers. Noch in demselben Sommer zog Seron, der Führer des coelesyrischen Heeres herbei, um die Niederlage seines Collegen zu rächen. Von abtrünnigen Juden geleitet, kam er aus dem Norden Palaestinas[6]) bis zu dem

---

[1]) bei Hieronym. in Daniel 11. S. 602. [2]) vid. Jos. Arch. XII. 5, 6 μεριδάρχης, ihm zur Seite, als: ὁ τὰ βασιλικὰ πράττων Nikanor [3]) IV. S. 408. [4]) vid. folg. Seite. [5]) sc. Apollonius [6]) Ewald 1, 1. S. 409; Herzfeld l. l.

Engpasse, der im Südosten von Joppe von Unter-Betchoron, — jetzt Beit-Ur[1]) drei Meilen etwa von El Latron (Modeim) — das in nordöstlicher Richtung in der Nähe von Modeim lag, nach Judaea führte. Hier hatte Juda Stellung genommen in einem Terrain, wo Wenige einem ganzen Heere Stand halten können, vielleicht auch, da das Terrain dazu geeignet ist, noch durch einen Hinterhalt unterstützt. Nach kurzem Kampfe, in dem Seron selbst gefallen war, flohen die Syrer nach der philistaeischen Küste[2]) mit Zurücklassung von achthundert Toten. Da nun zwei Statthalter von den Juden besiegt und getötet waren, konnte der Hof von Antiocheia den jüdischen Aufstand nicht mehr mit vornehmer Verachtung betrachten, oder gar ignoriren. Antiochus rüstete vielmehr noch im Jahre 166 v. Chr. seine ganze Hausmacht und warb ein tüchtiges[3]), griechisches Söldnerheer. Aber seine Expedition ward durch den Krebsschaden des syrischen Reiches, den beständigen Geldmangel, verhindert. Antiochus[4]) selbst war verschwenderisch, der Tribut an Rom zehrte ebenfalls am Marke des Landes[5]) und, wie das I. Maccabaeerbuch[6]) richtig bemerkt, waren auch die Einkünfte geringer geworden durch den Zwiespalt und Aufruhr, den der König durch das Einführen neuer Culte in das Land gebracht hatte. Sehen wir nun, wohin er, um Steuern, die also nicht eingegangen waren, einzutreiben, im Jahre 166 v. Chr. seinen Zug nahm, so wird uns Persien angegeben. Dadurch werden zwei Berichte der Quellen uns klarer. Erstens Daniel:[7]) וּשְׁמֻעוֹת יְבַהֲלֻהוּ מִמִּזְרָח וּמִצָּפוֹן.

„Und Gerüchte erschrecken ihn von Osten und Norden."[8]) Wie Ewald[9]) diesen Vers näher bestimmt, als er durch Pompilius Laenas aus Aegypten gewiesen

---

[1]) Robinson. Palaest. III S. 297. Neuere Forsch. S. 149. [2]) Josephus Arch. XII. 74: εἰς τὴν παραλίαν. [3]) Josephus l. l. von den Inseln: ἀπὸ τῶν νήσων. Bemerkenswerth ist die Mischung von Bürger und Söldnerheeren im syr. Reiche. Römische und griech. Einrichtungen vereint. [4]) Polyb. Diod. Athenaeus. [5]) Liv. 42 b. 173 v. Chr. konnte er nicht rechtzeitig entrichtet werden. [6]) III, 29. [7]) 11,44. [8]) Daniel e. l. Hieron. ad Danielem K. 7. V. 8 S. 497: Epiphanes habe den Artaxias bekämpft, ihn aber in seinem alten Reiche gelassen. [9]) IV. S. 394. Lengerke, ad e. l.

worden, was man im Volke nicht wusste, erklärte man sich des Königs Abzug von da und sein Wüthen: „וַיֵּצֵא בְחֵמָה גְדוֹלָה לְהַשְׁמִיד וּלְהַחֲרִיב רַבִּים." — „Er zog aus in grossem Zorne, zu vertilgen und zu vernichten Viele" — durch die bösen Nachrichten aus Ost und Nord, letztere in Betreff des Abfalls des armenischen Königs[1]). Die aus dem Osten sind die persischen, wo wohl der König, keinen Widerstand ahnend, schon früher mit seinem Entnationalisirungsplane hervorgetreten war. Das wird beleuchtet durch eine Notiz im Midrasch Acher Lchanuka[2]) und beleuchtet wiederum diese selbst. Dort heisst es nämlich, dass nach dem Kampfe mit den umwohnenden Heiden, aber noch zu Lebzeiten des Mathatias, — wohl richtiger jedoch in dieser Zeit, in welcher wir es hier angesetzt haben — הָיוּ יִשְׂרָאֵל מְצַפִּים לְהָרֵי מִזְרָח אוּלַי יָבֹאוּ לָהֶם עֲבוּ"ם פַּרְהָסִיִּים לְעָזְרָם" Israel nach den Bergen des Ostens geschaut habe, ob nicht die heidnischen Perser ihnen zur Hilfe kämen." Diese Notiz nun wird beglaubigt durch die bestimmten Nachrichten über den Zug des Königs Antiochus Epiphanes gegen Persien, sowie durch die Erwägung, dass, wie der Monotheismus, so auch der Dualismus der Perser, welche in dem parthischen, ihnen religiös und stammverwandten Reiche, — das seit 210 v. Ch. anerkannt selbständig war, und nach Vergrösserung strebte, — eine mächtige Stütze fanden, sich die Aufdrängung des Polytheismus nicht gefallen lassen konnte. Und so ist es nicht nur Wahrscheinlichkeit, sondern fast constatirte geschichtliche Wahrheit, dass schon in dieser Geschichtsperiode die beiden Vorkämpfer des Orients gegen Rom in ihren Bestrebungen und in der Vertheidigung einer reinern Gottesidee sich begegnet haben, obschon es nicht geleugnet werden kann, dass sowohl in Persien wie in Judaea der Gedanke an

---

[1]) Diodor bei C. Müller frgg. hist. gr. II. p. X: Porphyr. bei Hieron. in Daniel l. s. l., der den Sieg des Antiochus über denselben richtig erzählt, aber, wie Hieron. mit Recht bemerkt, das Local willkürlich in Daniel hinein interpretirt. [2]) Bei Jellinek B. H. I. S. 140.

politische Selbständigkeit ein Agens bei dem Aufstande war[1]). Dieses, Herzfeld[2]) so unbegreiflich erscheinende Factum ist also, wie wir vermeinen, sehr begreiflich, wenn auch in den wenigen uns erhaltenen Bruchstücken einer Geschichte dieser Zeit die einzelnen Momente, die die Auflösung des Seleucidischen Reiches beschleunigten, nicht genau angemerkt sind. Flathe[3]) zeichnet kurz die chaotische Verwirrung des Reiches, indem er die Zustände des Nordens und Ostens nach Strabo und Justin folgendermassen schildert: „Der König Artaxias von Armenien scheint sich auf Kosten der Seleuciden nach Medien ausgedehnt zu haben[4]). Der ganze Osten des Reiches ist verloren. Es werden plötzlich Könige der Meder genannt[5]) — die von jenem Atropatos stammen mögen, der in den medischen Gebirgen hauste und selbst von Alexander nicht hatte bewältigt werden können. — Die Könige der Landschaft Elymaea scheinen sich ausgedehnt zu haben über ganz Persien und selbst Persepolis in ihren Händen zu sein. Ueber sie hinweg streifen die Parther, so dass Seleucia am Tigris und selbst Babylon von ihnen bedroht ist[6])". Lysias, einen Verwandten des Königshauses, hatte Antiochus als Reichsverweser zurückgelassen, und ihm die Verwaltung aller Länder vom Euphrat westwärts bis zu den Grenzen Aegyptens übertragen, wozu er ihm die Hälfte des Heeres und der Elephanten zurückliess. Zugleich ward Lysias als interimistischer Vormund und Erzieher des jungen Prinzen und Mitregenten Antiochus bestallt[7]). Der zurückbleibende Theil des Heeres sollte gegen Judaea operiren und nach dem nicht zu bezweifelnden Siege sollte Jerusalem völlig zerstört,

---

[1]) Hieron. in Daniel VIII., 10. S. 499. Nach den Zügen des Antiochus gegen Ptolemäus Philometor: Rursumque ad Orientem contra eos, qui res novas in Perside moliebantur. Tacitus Hist. 5. 8: Rex Antiochus demere superstitionem — et mores Graecorum dare adnisus — Parthorum bello prohibitus est, nam ea tempestate Arsaces desciverat. Auch Josippon III, 11 ahnt einen Zusammenhang zwischen dem persischen und jüdischen Aufstande.
[2]) l. l. Excurs 16. S. 417. [3]) Macedonische Geschichte II. S. 606.
[4]) Strabo XI, 14. [5]) Justin 41, 6. [6]) Diodor bei Müller frgg. II. S. 19.
[7]) Zeitangaben vid. Porphyrius Tyrus bei Müller frgg. 714 und die Noten daselbst.

die Einwohner des ganzen Landes zu Sklaven gemacht werden, und das Volk der Hebraeer zu existiren aufhören. An seiner Stelle sollten heidnische Kolonisten in das Land verpflanzt werden [1]). Nachdem er diese Anordnungen getroffen, zog Antiochus gegen Persien, und setzte im Frühjahr 165 v. Ch.[2]) über den Euphrat. Das Heer, welches gegen Judaea ziehen sollte, war vierzigtausend Mann zu Fuss und siebentausend Reiter stark, und zu seinen Führern bestimmte Lysias den Ptolemaeus, Sohn des Dorymenes, Nicanor und Gorgias, tapfere Männer und Freunde des Königs. Da aber in dem jetzt folgenden Kampfe Ptolemaeus nicht als mitwirkend genannt wird, nimmt Herzfeld [3]) wohl mit Recht an, dass die Syrer, vielleicht in Erwägung der für ein grosses Heer schwierigen Terrainverhältnisse, den ihnen so oft verhängnissvollen Fehler auch in diesem Feldzuge begingen, sich zu theilen, so dass Ptolemaeus mit einem grossen Theile, etwa der Hälfte der Armee, ausserhalb Palaestina's in Reserve blieb, während Nicanor mit der Hauptarmee von ungefähr zwanzigtausend Mann in das Land einrückte und in der grossen Ebene westlich von Emmaus [4]), etwas südlich — zwanzig Minuten — von Modeim Stellung nahm. Hier stiess auch der Landsturm von Coelesyrien und $\tau\tilde{\eta}\varsigma$ $\pi\acute{\epsilon}\varrho\iota\xi$ $\chi\omega\varrho\alpha\varsigma$, das heisst der Idumaeer, Philister, Samaritaner sowie der Hellenisten u. s. w. zum Heere. Auch Kaufleute, wohl aus den philistaeischen und phönikischen Städten kamen, mit baarem Gelde ausgerüstet, um nach der Niederlage die Juden als Sklaven zu kaufen. Und so sicher waren Alle des Erfolges, dass sie bereits vor dem Beginne des Kampfes die Fesseln, die den Besiegten zugedacht waren, in Bereitschaft hatten; denn im I. Maccab,[5]) ist sicherlich für $\pi\alpha\tilde{\iota}\delta\alpha\varsigma$ zu lesen $\pi\acute{\epsilon}\delta\alpha\varsigma$, welche Les-

---

[1]) I. Macc: c. 3, 36: 'Jos. Arch. XII. 7b. Porphyrius bei Hieron, ad Daniel. XII. p. 604. — [2]) Nach Clinton fast. Hell. II. 322; 147 ae. Sel., das vom Sommer 166 bis Sommer 165 v. Chr. reichte; da der Feldzug wohl mit Beginn des Frühjahrs unternommen wurde, ist obige Angabe wohl berechtigt.
[3]) l. s. c. I. S. 243. [4]) Robinson. Neuere Forschungen S. 197: 160 Stadien- 4 Meilen von Jerusalem—Amwâs. Ewald l. l. IV. 404. — vergleiche oben. S. 13. [5]) 3. 41.

art auch Josephus[1] hat. Juda aber verkündete für sein Heer einen Bet- und Busstag, der, da Jerusalem verödet war und wegen der besetzten Burg nicht betreten werden konnte, in Massepha מצפה abgehalten wurde, einem Orte des Gebetes aus der Richterzeit her[2]), der in geringer Entfernung nördlich von Modeim lag. Es muss jetzt die Zeit des Wochenfestes — Pfingsten — gewesen sein, denn zu diesem Bettage brachten die Juden die Erstlinge und den Zehnten mit, welche nicht dargebracht und den Priestern gegeben werden konnten, die Nasiraeer, die ihre Zeit vollendet hatten, und das vorgeschriebene Schlussopfer ihres Gelübdes an der allein geheiligten Tempelstätte zu erfüllen sich ausser Stande sahen, die Priestergewänder, die unbenutzt dalagen; auch rollten sie die Torarollen auf, die nach Lesart einiger Codices bei Grotius[3]) von den Heiden aufgesucht und mit Götzenbildern waren bemalt worden. Nachdem hierdurch das Volk inne geworden, was ihm der Syrer vorenthalte, wofür es kämpfen sollte, flehten sie zu Gott in Sack und Asche um Hilfe. Hierauf forderte Juda die Neuvermählten und Aehnliche auf, nach Vorschrift der Bibel[4]) das Heer zu verlassen, dem er die biblische Eintheilung in Dekaden gegeben hatte. Da er gesonnen war, am andern Tage den Kampf aufzunehmen, begeisterte er die Truppen durch eine feurige Rede. Doch noch am Abend dieses Tages ward Juda von seinen Spionen, denen durch die Anwesenheit vieler Hellenisten, beim Feinde ihr Amt sehr erleichtert war, in Kenntniss gesetzt von einem Vorhaben der Feinde, das zum Verderben Judas hätte führen müssen, wenn nicht die rechtzeitige Benachrichtigung es ihm ermöglicht hätte, den Schlag zu pariren und zu seinem Vortheil zu wenden. Gorgias nämlich sollte, geführt von einigen, der Gegend kundigen Hellenisten, mit fünftausend Mann zu Fuss und tausend Reitern Juda in der Nacht überfallen. Dieser verliess nun bei Anbruch der Nacht — $\delta\epsilon\iota\pi\nu o\pi o\iota\eta\sigma\acute{a}\mu\epsilon\nu o\varsigma$ — sein

---

[1]) Arch. XII, 7. [2]) Richter 20, 1. Samuel 1. 7. 5. Megillat Antiochus S. 144 nennt Mizpa Gilead. [3]) Zu Maccabaeer III. 49. [4]) IV. Buch Mosis 20, 5 - 8.

Lager, in welchem er, um die Feinde so lange zu täuschen, bis sie in dasselbe gelangt wären, und um derart einen grösseren Vorsprung zu gewinnen, viele helllodernde Wachtfeuer zurückgelassen hatte, und marschirte geraden Weges die ganze Nacht hindurch gegen die bei Emmaus¹) lagernde, jetzt etwa zwölf bis fünfzehntausend Mann starke Hauptmacht der Syrer, während Gorgias auf Bergpfaden den Rücken des jüdischen Lagers zu gewinnen suchte. Mit dreitausend nur schlecht bewaffneten Kriegern gelangte Juda bei Morgenanbruch vor das kunstvoll abgesteckte Lager der Feinde. Doch die Ueberraschung, vereint mit der todesverachtenden Tapferkeit seiner Schaar errang den Sieg über die bessere Taktik und Bewaffnung der Gegner. Bald wandten sie sich zur Flucht und die Juden töteten viele in den hintern Gliedern Zurückbleibende in einer rastlosen Verfolgung bis nach Gadara, oder wie die Lesart bei Grotius²) lautet nach *Ασσαρημώϑ* „חֲצַר חַמַּת", bis in das Gefilde von Idumaea — etwa wie Ewald³) liest nach⁴) אֶפֶס דַּמִּים hin — in der Richtung nach Asdod, also nach der Küste und Jamnia hin, so dass fast dreitausend Feinde fielen. Dann zog der besonnene Juda seine Leute wieder zurück und stellte sie bei dem nun verlassenen Lager der Feinde in Schlachtordnung auf. Er hatte es vorhergesehen, dass Gorgias, nachdem er das jüdische Lager leer gefunden und die Flüchtigen vergeblich im Gebirge gesucht hatte, nun wieder hier eintreffen werde, und bereitete sich also, der Beute nicht achtend, zum zweiten Treffen an diesem Tage vor. Kaum hatte er seine Vorbereitungen beendet, als die Erwarteten schon aus dem Gebirge herniederstiegen. Doch ihr brennendes Lager zeigte ihnen, was geschehen, und als sie Juda kampfbereit sich gegenüber sahen, flohen sie, vor Bestürzung unfähig einen

---

¹) Robinson. Neuere biblische Forschungen S. 131—Amwâs auf einem Hügel am Rande einer grossen Ebene, 10 römische Meilen von Lydda und 22 (— 4 deutsche Meilen von Jerusalem) (Itin. Hieros.)
²) Zu I. Macc. 4, 15.   ³) l. l. IV., 405, Anmerk. 4.   ⁴) I. Samuel 17, 1.

Plan zu fassen, in das benachbarte Gebiet der Idumaeer und Philister, ohne einen Schwertstreich zu thun. Nun erst erlaubte Juda das Plündern und obwohl das Feuer schon Vieles verzehrt, machte er doch noch eine reiche Beute an Gold, Silber und Prachtgewändern. Das Siegeslied, das uns das I. Maccabäerbuch [1]) verzeichnet, hatte den Inhalt: ὅτι καλόν ὅτι εἰς τὸν αἰῶνα τὸ ἔλεος αὐτόν, zeigt also auf den Psalm 118 hin הוֹדוּ לַײַ כִּי טוֹב כִּי לְעוֹלָם חַסְדּוֹ „Danket dem Herrn, denn er ist gütig, denn ewig währet seine Gnade". Von den Flüchtigen ward die Kunde dieser Niederlage dem Reichsverweser Lysias gebracht, der mit Hilfe der unbeschädigten Reservearmee, und durch das Aufbieten des Landsturmes sechszigtausend Fussgänger und fünftausend Reiter sammelte und in demselben Jahre 165 v. Chr. gegen Juda nach Idumaea zog [2]). Er lagerte, nachdem er das Gebirge überstiegen, bei Bethsur, etwas nördlich von Hebron, einem Orte, den schon Salomo befestigt hatte [3]) und welcher von nun an eine bedeutende Stelle in der Kriegsgeschichte der Maccabäer einnimmt [4]). Aber auch Juda hatte seine Zeit nicht unbenützt vorübergehen lassen. Durch seine Siege, die ihn, den kühnen Guerillaführer, als einen bedeutenden Feldherrn gezeigt hatten, war sein Ansehen und das Zutrauen zu ihm mächtig gestiegen; zugleich hatten die früheren Siege ihm syrische Rüstungen und Waffen für eine zahlreiche Mannschaft gegeben und so erwartete er mit zehntausend gut Bewaffneten den Feind. Doch es kam nur zu Vorpostengefechten, in denen die Syrer stets den Kürzeren zogen. Denn Lysias, erschreckt durch die keine Gefahr achtende Tapferkeit seiner Gegner, durch ihre todesmuthige Verzweiflung, sah ein, dass nur die glänzende Taktik eines griechischen Söldnerheeres Aussicht habe einem solchen Feinde obzusiegen, und

---

[1]) 4, 24. [2]) Grotius' Lesart zu 1. Macc. 4, 29. Judaea bezeichnet dasselbe, da die Idumaeer damals einen Theil des eigentlichen Judaea besetzt hielten. [3]) Ewald IV 406. Anmerkung 2 II Chr. 11, 7. [4]) Robinson. Neuere Forsch. 362, 363. Bethzur, das heutige Beit Sûr, zwischen Halhûl und Gedor, nicht weit vom erstern im Südwesten der Strasse nach Hebron, wo noch Ruinen.

dass seine Milizen dazu keineswegs geeignet seien. Da auch wohl die Leitung des Staates seine Anwesenheit in Antiocheia erforderte, kehrte er unverrichteter Sache heim, mit dem Plane, ein Söldnerheer anzuwerben, was aber bei dem schlimmen Stande der syrischen Finanzen nicht gar leicht und schnell zu realisiren war. Nach dem Abzuge der Syrer wandte sich Juda wohl gegen die syrischen Garnisonen und vertrieb sie, denn erst im Herbst führte er den Plan aus, der dem ganzen Volke der Hauptzweck, den Assidaeern aber das Endziel des Kampfes war, die Reinigung des Tempels. Dazu musste aber Jerusalem der syrischen Besatzung und den Hellenisten entrissen werden. Und so berichtet uns Josephus im jüdischen Kriege [1]) ganz richtig, dass Juda die Syrer aus der obern Stadt geworfen habe in die untere, die ἄκρα [2]) hiess. Zwar beherrschte diese Akra den Tempelberg, der nun in den Händen Judas war; er liess sie aber durch eine Abtheilung seiner Truppen belagern oder vielmehr nur cerniren, während er selbst mit den andern die Reinigung und Wiederherstellung des Tempels unternahm. Da war der Altar entweiht, die Thüren verbrannt, die Hallen — לִשְׁכוֹת — zerstört, und darin waren aufgestellt אֲבָנִים טְמֵאִים — λίϑοι τοῦ μιασμοῦ — Bildsäulen des Götzen. Juda bestallte Priester aus seinen Anhängern, die diesen Gräuel hinwegschafften und zwar geschah dies am dritten Kislew 165 v. Chr. — an einen unreinen Ort [3]); dann ward der entweihte Altar auseinandergenommen, und die Steine auf dem Tempelberge, „μέχρι τοῦ παραγενηϑῆναι προφήτην" עַד שֶׁיָּבֹא עֵלִיָּהוּ [4]) aufbewahrt, und ein neuer Altar aus unbehauenen Steinen erbaut. Unterdess war das Heiligthum in allen seinen Theilen wiederhergestellt worden, so zwar, dass zuerst das Allerheiligste, dann das

---

[1]) I. 1, 4. [2]) Als dem Zwecke dieser Schrift zu fern liegend, lassen wir die topographischen Untersuchungen über die Lage dieser Burg unbeachtet. [3]) Graetz III Note 1 1. S. 466. [4]) Eine talmudische Formel, die bedeutet: Bis der Messias kommen wird, als dessen Vorläufer der Prophet Elias betrachtet wird.

Innere und hierauf der Vorhof in Angriff genommen wurden. Auch die erforderlichen Geräthe waren angefertigt worden, natürlich nur so, wie es die Kürze der Zeit und die beschränkten Mittel erlaubten. So ist zum Beispiel der siebenarmige Leuchter nach dem Talmud ¹) damals aus verzinnten Eisenstäben zusammengesetzt worden, und erst später kam ein silberner, dann erst ein goldner an seine Stelle, denn von den nach Antiocheia weggeführten Tempelgeräthen wurden zwar ²) die **ehernen** von den spätern Seleuciden den Antiochenischen Juden gegeben, blieben aber in der dortigen Synagoge ³). Nachdem Alles nach Vorschrift verfertigt worden, begann die Weihe des restaurirten Tempels am 25ten Kislew. Weshalb dieser Tag gewählt wurde, darüber gehen nun die Ansichten der neuern Forscher auseinander. Doch wird man wohl annehmen können, dass man diesen Tag mit Absicht genommen, da an demselben Tage die erste Hauptfeier des Zeus darin vor drei Jahren stattgefunden hatte. Die Dauer der Tempelöde wird mit Recht nach Grätz⁴) auf drei und ein halb Jahr festgesetzt mit Bezugnahme auf Daniel ⁵) כִּי לְמוֹעֵד מוֹעֲדִים וָחֵצִי „Denn in einer Zeit, zwei Zeiten und einer halben" ⁶). Hierzu stimmt auch Midrasch Chanuka ⁷): וַנִּנְהֲגוּ בְּדָבָר הַזֶּה שָׁלֹשׁ שָׁנִים וּשְׁמוֹנָה חֳדָשִׁים „So blieb es drei Jahre und acht Monate", sowie die von Ewald ⁸) angeführte Lesart von Holmes Pearsons im II. Maccabaeer ⁹), dass der Tempeldienst drei und ein halbes Jahr unterbrochen gewesen sei ¹⁰). Acht Tage dauerte das Fest der Ein-

---

¹) ר"ה 24, 6. vid. Herzfeld I S. 260. ²) Joseph. b. J. VII, 8. ³) Beiläufig sei auch erwähnt, dass Flathe Macedonische Geschichte mit Unrecht aus dieser Rückgabe geschlossen hat, die Plünderung habe nicht Geldmangel zum Grunde gehabt. — Er hat eben übersehen, dass nur die ehernen zurückgegeben wurden. ⁴) Programm des jüdisch-theologischen Seminars. Breslau 1864. ⁵) 12, 7. welche Stelle schon Porphyr. ad. l. übersetzt tres et semis annos ⁶) vid. dazu Daniel 9, 26: 'eine halbe Woche i. e. Jahreswoche. ⁷) Jellinek B. H. 1 S. 133. ⁸) IV, 407. ⁹) 10, 3. ¹⁰) Die Berechnung der Dauer der Tempelentweihung basirt auf den oben schon angeführten Stellen des Daniel, wie auch auf denselben, Kapitel 8, 14. עַד עֶרֶב בֹּקֶר אַלְפַּיִם וּשְׁלֹשׁ מֵאוֹת „bis auf zweitausend drei-

weihung — welches Josephus[1] τά φῶτα „das Lichtfest" nennt — nach Einigen[2] als Ersatz für das nicht gefeierte חג „Laubhüttenfest"; nach dem Scholion zu Megillat Taanis[3] וְהָיוּ מִתְעַסְּקִין בּוֹ חִי יָמִים, „Und sie beschäftigten sich damit acht Tage", weil die Weihe so viel Zeit erforderte. Später[4] wurde die achttägige Dauer des Festes durch dabei geschehene Wunder erklärt.

Fragen wir aber, wer bei dieser Einweihung das Amt des Hohenpriesters verwaltet habe, so geben die Quellen uns keine Antwort; es ist jedoch nicht unwahrscheinlich, dass der einem Heros gleich verehrte Juda, der ja — siehe oben S. 13. — einem angesehenen Priesterhause entstammte, vom Volke dazu berufen worden; was wohl auch der Grund ist, weshalb er von den Spätern, zum Beispiel Josippon[5], als כֹּהֵן נָדוֹל „Hoherpriester" genannt wird was noch unterstützt

---

hundert Morgen und Abend", welche Stelle hauptsächlich von jeher ein Kreuz für alle Interpreten gewesen ist. Bertholdt berechnet sie vom fünfzehnten Kislew — November — 168 v. Chr. bis zum Siege über Nikanor, den dreizehnten Adar, — März — 161 v. Chr., was zweitausend zweihundert ein und siebzig Tage ergiebt, wodurch er genöthigt wird, noch weitere neun und zwanzig Tage, als bis zur völligen Wiederherstellung der Ruhe (?) mitgerechnet, anzunehmen. Lengerke in der Erklärung zu Daniel dagegen rechnet von der ersten Beraubung des Tempelschatzes 170 v. Chr. bis zum Tode des Epiphanes, 164 v. Chr., wobei er sich auf zwei unhaltbare Hypothesen stützt: 1) dass der Opferdienst schon im Jahre 170 v. Chr. aufgehört habe, da damals schon die Tempelgeräthe weggenommen worden seien; das aber wird in unsern Quellen durchaus anders dargestellt (s. oben S. 6.) und 2) dass Antiochus im Schwat — Januar — gestorben sei, was ebenfalls völlig grundlos ist (das Nähere s. weiter unten). Kirms dagegen hat zuerst die Ansicht aufgestellt, dass, da täglich ein Morgen und ein Abendopfer dargebracht wurde, die zweitausend dreihundert Abend und Morgen nur eilfhundert fünfzig Tage bedeuten. Diesem stimmt Graetz in der oben genannten Schrift zu und erläutert es näher dahin, dass vom 17. Tammus (21. 22. Juli) 168 bis zum 25. Kislew (Ende November) 165 v. Ch. i. e. von der Entweihung bis zum Weihefeste zu zählen ist. [1]) Arch XII 7, 7. [2]) Wie Midrasch Lchanuka bei Jell. B. H. I 135 [3]) zum Theil abgedruckt bei Graetz Gesch. der Jud. III 466. Note 1, 2 und ganz ed. Venedig 1545. [4]) Talm. Babyl. var. ll. [5]) III, XVI.

wird durch die Nachricht bei Josephus ¹), dass nach Alkimos Tode, Juda vom Volke dies Amt erhalten habe ²). — Nun befestigte Juda den Tempelberg und die obere Stadt, sowie auch Bethsur, als Burg für den Tempel gegen Einfälle von Idumaea her, und legte eine starke Besatzung hinein.

Die umwohnenden Völker, wie die Idumaeer und Ammoniten sahen scheel auf die Erfolge, welche die Juden errungen hatten und theils aus altem Hasse und neuem Neide, theils auf Anstiften ihrer syrischen Gouverneure, welchen die im Kampfe nicht errungenen Lorbeeren keine Ruhe gönnten, eröffneten sie gegen die Juden den kleinen Krieg, indem sie Einzelne derselben, die in ihre Hände fielen, niedermetzelten, die unter ihnen Wohnenden bei nachtschlafender Zeit überfielen, Hab und Gut plünderten und sie nebst Weib und Kind töteten. Zu demselben Zwecke unternahmen sie auch kleine Excursionen nach Judaea selbst. Nun zeigte sich der Unterschied zwischen den bis dahin so eng verbündeten Assidaeern und Hasmonaeern. Die Ersteren hatten jetzt Alles erlangt, wofür sie in den Krieg gezogen waren; die freie Religionsübung war, wenn auch nicht legal bestätigt, so doch factisch wieder erworben; sie hatten den Ruhm begeisterter Gotteskämpfer erlangt, denn ³) „Die Frommen erglänzen wie das Licht des Himmels" וְהַמַּשְׂכִּלִים יַזְהִירוּ כְּזֹהַר הָרָקִיעַ". Die Hasmonaeer aber hatten nun schon weitere Ziele ins Auge gefasst. Sie wollten, dass die Nationalität ein Band der Verbindung werde für alle Nachkommen Israels, sie proclamirten die Solidarität der allgemeinen und Einzelinteressen, und sie selbst stellten sich als Beschützer und Vertheidiger jedes von einem Auswärtigen geschädigten Mitgliedes ihrer Nation hin. So pflegten sie neben dem religiösen den

---

¹) Arch. XII 10, 6. ebenso auch Chronicon Paschale und viele Spätere. ²) Dieser unserer Ansicht scheint auch Rosenthal: Das I. Maccabaeerbuch S. 36 Anmerkung 1. sich zuzuneigen. ³) Daniel 12, 3. Porphyr. bei Hier. z. St. bezieht diesen Vers mit Recht auf die Schriftgelehrten: Magistri autem et doctores, qui legis notitiam habuerunt, fulgebunt quasi coelum.

nationalen Geist im Volke, durch dessen Erwachen allein sie einen glücklichen Ausgang des Unabhängigkeitskampfes, der in ihrem Programme das Endziel aller Bestrebungen bildete, zu erreichen glaubten. Deshalb zog Juda schon im Jahre 164 v. Chr. gegen die Idumaeer, die in Akrabatene ¹) im Nordosten Judaeas ²) wohnten. Da hier ein Racenkampf stattfand, kann es nicht Wunder nehmen, wenn uns die Quellen berichten, dass Juda nach ihrer und der Baianiten Besiegung ³), (die wie Ewald ⁴) annimmt, ein Idumaeischer Stamm waren, der sich besonders in der Judenhetze hervorgethan hatte, — denn sie waren εἰς παγίδα καὶ εἰς σκάνδαλον τῷ λαῷ ⁵) geworden) — ihre Thürme, das heisst, ihre kleinen Festungen, mit Mann und Maus verbrannte. Dann zog Juda gegen die Ammoniten, die in dieser Zeit unter Führung des Timotheos ein starkes Heer gesammelt hatten. Woher Ewald die Nachricht geschöpft hat, dass die Ammoniten damals, ähnlich wie die Juden, unter Führung des Timotheos sich kräftig erhoben und durch arabische Völkerschaften verstärkt hatten, gestehen wir nicht zu wissen ⁶); dem sei aber, wie ihm wolle, nachdem sie von Juda in vielen Treffen ⁷) geschlagen worden, eroberte dieser Jazer ⁸) יעזר und ihr Gebiet, verbrannte die Stadt und kehrte unter Fortführung der Weiber und Kinder nach Judaea zurück. Nach seinem Abzuge aber vereinigten

---

¹) Später im nördlichen Judaea eine Toparchie dieses Namens. Robinson Neuer. Forsch. S. 184. Von einem Orte Acrabi jetzt Akrabeh eod. l. 88, 9. ²) So ist auch die Lesart des Alexandriners Ἰουδαίᾳ für Ἰδουμαίᾳ eine im Wesen nichts ändernde Variante. Siehe Ewald IV. 408. ³) Τοὶ Βαίαν. ⁴) l. l. ⁵) Uebersetzung der Formel לְפַח וּלְמוֹקֵשׁ. ⁶) Vielmehr scheint Timotheos ein syrischer Statthalter gewesen zu sein. Hierfür spricht wahrscheinlich auch Psalm 839: גַם אַשּׁוּר נִלְוָה עִמָּם וגו׳ „Auch Syrien — vid. Hitzig Psalmen z. St. wenn auch dieser Beweis, wie eben jeder für historische Zwecke den Psalmen entlehnte, kein zwingender ist, da Aschur auch als Collectivnamen der im Norden Palästinas wohnenden Völker gebraucht wird — verband sich ihnen". Dieser Ansicht stimmt auch Josippon 3, 13 bei. ⁷) I Macc. 5. 7: καὶ συνῆψε πρὸς αὐτοὺς πολέμους πολλούς. ⁸) Auf Robinsons Karte zu Neuere Forschungen: Jaeser das heutige Seir in Ammonitis.

sich die Völker in Gilead und wütheten gegen die dort wohnenden Juden, die jedoch eiligst in die Feste ¹) Dathema flohen; die Vereinigung der Feinde Israels aber zog sofort unter Anführung des Timotheos — also wohl wieder Ammoniter ²) und Idumaeer — gegen dieselbe. Doch gelang es den Juden noch vor Beginn der Belagerung Juda einen Boten mit der Bitte um Hilfe und einer Erzählung des Geschehenen zu senden, nach welcher im Lande Tob, das ³) Herzfeld im Nord-Osten von Baschan sucht ⁴), fast tausend Männer von den Heiden getötet, deren Weiber und Kinder nebst Hab und Gut aber als Beute fortgeführt seien. An demselben Tage, als diese Nachrichten Anfang 163 v. Chr. nach Jerusalem kamen, gelangten auch aus Galilaea Boten dahin mit der Meldung, dass die Bewohner von Ptolemais-Akko-Tyrus und Sidon nebst allen Heiden der dortigen Gegend sich gegen die jüdischen Bewohner dieser Landschaft vereinigt hätten ⁵). Sogleich war Juda zum Helfen bereit und sandte seinen Bruder Simon mit dreitausend Mann den Galilaeern zu Hilfe, während er selbst mit achttausend, begleitet von seinem Bruder Jonathan gen Gilead zog. Während seiner Abwesenheit sollten Josephus, der Sohn des Zacharias, und Azaria den Oberbefehl über die Garnisonen haben, die zur Deckung des Landes zurückblieben, jedoch nie aggressiv verfahren. So war das jüdische Heer etwa zwölf- bis fünfzehntausend Mann stark, wobei nicht zu übersehen ist, dass zu diesem Zuge, entflammt von den Schilderungen der Gräuel, die die Heiden gegen ihre Brüder verübt, sich wohl

---

¹) φρούριον oder ὀχύρωμα ²) Ammoniter sind (vide S. 80 Anmerk. 6) die בְּנֵי לוֹט „Söhne Lots", also Ammon und Moab vereint. ³) Geschichte der Juden I. 260. ⁴) Nach dem Talmud ist es das später zur Dekapolis gehörende Hippos, östlich vom Tiberias-See. (Mittheilung des Herrn Dr. Grätz.) ⁵) Psalm 83 יֹשְׁבֵי עִם פְּלֶשֶׁת צוֹר Philistaea mit den Bewohnern von Tyrus und Psalm 60 u. 108: פְּלֶשֶׁת Philistaea.

achttausend Freiwillige angeschlossen haben mögen. Denn die gewöhnliche Heeresmacht, über die die Maccabaeer in dieser Zeit zu verfügen hatten, war, nach Abzug der Garnisonen, in denen die Bewohner der Städte die Mehrheit bildeten, höchstens dreitausend Mann stark. Simon führte seinen Auftrag mit solcher Schnelligkeit und Gewandtheit aus, dass er zeigte, wie die Hoffnung der Unabhängigkeitsfreunde Israels nicht auf Juda allein beruhe. Er schlug die Heiden und verfolgte sie bis an die Thore von Ptolemais, jagte ihnen nebst den jüdischen Gefangenen und dem geraubten jüdischen Gute noch viele andere Beute und ihr Gepäck ab. Hierauf sammelte er alle Juden, die bis dahin in Galilaia und ἐν Ἀρβάττοις — was Grotius [1]) gleich hält für בְּעַרְבוֹת; Herzfeld [2]) aber (der den Stamm אַרְבַּע „vier" einnimmt) als die Ore Nibrechta deutet, (Alexandriner liest Ἀρβάττοις) während Ewald [3]) gestützt auf die Lesart der Peschita Grotius zustimmt, — gewohnt hatten, und führte sie nebst Weib und Kind und ihrem Hab und Gut, nach Judäa. Wie es der Verlauf zeigt, geschah dies in Folge einer Verabredung mit Juda, um die Bedrohten in Sicherheit zu bringen, das Heimathland mehr zu bevölkern und die eigene Partei durch ihnen persönlich Verpflichtete zu verstärken. Unterdess hatten Juda und Jonathan den Jordan überschritten und waren nach einem dreitägigen Marsche ἐν τῇ ἐρήμῳ — wo wohl eher an [4]) בְּעַרְבוֹת מוֹאָב „an die Steppe Moabs" zu denken wäre, — in das Gebiet der Nabatäer, die Ewald [5]) als einen Nomadenstamm betrachtet wissen will, gelangt. Diese kamen ihnen friedlich und freundlich entgegen und erzählten ihnen, was den Juden Gileads widerfahren sei, und wie sie belagert würden in den Städten und Burgen. Viele von ihnen seien eingeschlossen in Bosorra, (das, in Moab gelegen,

---

[1]) Zu I. Macc. 5, 25. [2]) I. l. I. 840. [3]) IV. 410 Anmerk. 1. Vielleicht ist darunter das um das heutige Dorf Arrabe liegende Gebiet verstanden? vide Robinson Neuere Forschungen. S. 107. ([4] Wie es auch Herzfeld Anmerk. 93 S. 339 erklärt. [5]) l. l.

gleich dem Idumaeischen בָּצְרָה¹) hiess, von den Römern Bostra genannt wurde und nach Herzfeld²) in der Breite von Jericho, einen kleinen Tagemarsch nördlich von der weiter unten genannten Festung Dathema liegt) in Bosor, welches für das in Josua³) genannte Bezer gehalten wird und nach dem Talmud⁴) in der Breite von Hebron liegt⁵). Das ist zwar sehr im Süden und so würde es auffallen, dass es noch zu Gilead gerechnet wird, wenn es nicht bekannt wäre⁶), dass Gilead zuweilen das Stammgebiet von Reuben, sogar fast ganz Peraea umfasst habe. Wie denn auch die ferner genannten Städte Alema, (das nur das im vierten Buche Mosis⁷) erwähnte Almon Diwlatajim⁸) sein kann) einige Stunden nördlich vom Arnon und ganz in der Nähe von Bezer lag — Grotius hat jedoch dafür ἐν Μαλέοις und hält es für identisch mit dem weiter unten von Josephus genannten Μάλλη in Moab) — und Karnaim-Aschterot Karnain-gar nördlich von Jarmuch wohl, in dem Talmud Jerusalmi⁹) erwähnten Kfar Karnaim zu suchen ist. Ferner wurden die Juden belagert in Χασφώρ, — das auch Χασφών, Χάσφωμα genannt und von Grotius¹⁰) und Herzfeld als Cheschbon übersetzt wird —, Μακέδ, welches Grotius für das Josua¹¹) genannte Maachossi, Herzfeld aber für Machaerus hält, obschon diese Stadt nach Josephus¹²) erst von Alexander Janai befestigt worden ist¹³). Juda überfiel nun zuerst unversehens Bozrah¹⁴), tötete alle Waffenfähigen und verbrannte die Stadt, nachdem er sie geplündert. In der darauf folgenden Nacht marschirte er nach dem Fort, in welchem die Juden von einem zahlreichen Heere belagert wurden, (worunter wohl nur das oben genannte Dathema zu verstehen

---

¹) Grotius zu I. Macc. 5, 24. ²) I. I. S. 339. ³) 20, 8. ⁴) Makoth 9 b. ⁵) Herzfeld und Ewald. ⁶) Winer Lexicon s. v. ⁷) 33, 46. ⁸) Herzfeld l. l. עַלְמֹן דִּבְלָתָיְמָה ⁹) Demai 2, 1: Robinson Karte zu Neu. For. gleich dem heutigen Tell 'Ashtereh. ¹⁰) Zu I Macc. 5, 36. Jos. Arch. XII 8, 3. heute Hesbân. ¹¹) 12, 5. ¹²) b. J. 7, 6, 2. heute Mûkaur in der Nähe des toten Meeres. ¹³) der Alex. liest Μάκεβ, Josephus Μάλλη. ¹⁴) I Macc. 5, 28. ist statt Βοσόρ, Βόσορρά zu lesen, da Βοσόρ erst V. 37 genannt wird.

ist). Morgens gelangte er dahin, eben in dem Augenblicke, als das feindliche Heer sich zum Sturme anschickte. Sofort theilte er seine Truppen in drei Theile — das erste Mal, dass eine regelrechte Aufstellung der jüdischen Truppen bemerkt wird. Entweder hatte die Kriegserfahrung ihnen schon den Nutzen einer regulären Taktik gezeigt, oder sie waren durch eine ähnliche Aufstellung des Feindes, der wohl auf drei Seiten zugleich gegen die kleine Festung Sturm laufen wollte, dazu genöthigt worden — und griff in dieser Ordnung den Feind im Rücken an. Hiernach, dem gleichlautenden Berichte des I Maccabaeerbuches und des Josephus [1]) war es nicht blos der Schrecken des Maccabaeischen Namens, wie das II Maccabaeerbuch [2]) hinzufügt, sondern der geschickte Angriff Juda's, der die Feinde zwang in wilder Flucht, mit Hinterlassung von achttausend Toten sich zu zerstreuen — wenn auch diese Zahl, wie alle Angaben der Gefallenen, sehr verdächtig ist, da immer so Viele fallen, dass auf jeden jüdischen Streiter einer kömmt. So soll auch Simon mit seinen dreitausend Mann Dreitausend getötet haben. — Zu diesem Erfolge scheint ein Ausfall der Belagerten mit beigetragen zu haben. Von da schwenkte Juda nach $M\acute{a}\sigma\varphi\alpha$ ab, das wohl Mizpa in Moab sein könnte, wenn es nicht auffallend wäre, dass alle oben genannten Städte hier wiederkehren, nur nicht $'A\lambda\acute{\epsilon}\mu\alpha$, weshalb wohl auch Grotius [3]) schon hier und früher mit Josephus $M\acute{a}\lambda\lambda\eta$ liest. Dieses, sowie auch die andern oben genannten Städte, Chasphon, Maked, Bosor, fielen schnell in seine Hand, wurden verbrannt, und alle Männer getötet. Gestützt auf Josephus [4]), der Malle nennt $\pi\acute{o}\lambda\iota\nu$ $\tau\tilde{\omega}\nu$ $\dot{\alpha}\lambda\lambda o\varphi\acute{v}\lambda\omega\nu$ und erzählt, dass in diesen Städten $\pi\tilde{\alpha}\nu$ $\dot{\alpha}\rho\sigma\epsilon\nu\iota\varkappa\acute{o}\nu$ oder $\mu\acute{a}\chi\epsilon\sigma\vartheta\alpha\iota$ $\delta v\nu\acute{a}\mu\epsilon\nu o\nu$ von Juda getötet worden, ist Herzfeld [5]) der Ansicht, dass nur in Dathema die Juden belagert wurden, in allen andern mitgenannten Städten aber das Blutbad gegen sie von den Heiden zwar beschlossen gewesen, aber nicht zur Ausführung gekommen sei. Dem widersprechen aber sowohl das

---

[1]) Vid. Anmerk. 10, S. 38. [2]) 12, 22. [3]) Vid. 8. 33. [4]) Arch. XII 8, 3. [5]) I. l. I S. 274 und Anmerkung 94.

I Maccabaeerbuch [1]): καὶ ὅτι πολλοὶ ἐξ αὐτῶν συνειλημμένοι εἰσίν εἰς Βοσόρρα κ. τ. λ., als auch Josephus selbst [2]): ὡς πολλοὶ κακοπαθόυσιν αὐτῶν ἐν τοῖς φρουρίοις ἀπειλημμένοι καί ταῖς πόλεσι τῆς Γαλααδίτιδος. Wir glauben jedoch beiden Angaben gerecht zu werden, wenn wir annehmen, dass die Juden dieser Städte in der ihnen drohenden Gefahr sich eines festen Theils der von ihnen bewohnten Stadt, etwa der Burg, eines Kastells oder eines Thurmes bemächtigt haben, woselbst sie nun von den übrigen Einwohnern der genannten Städte eingeschlossen und belagert wurden. Hierdurch würde sich auch die schnelle Eroberung dieser festen Städte „πᾶσαι αἱ πόλεις αὗται ὀχυραί" [3]) durch Juda erklären, da ihn seine Glaubensgenossen entweder in den von ihnen besetzten Theil einliessen und hierauf von da aus die Offensive ergriffen, oder, indem, während Juda von Aussen stürmte, sie von ihrem, in der Stadt gelegenen, festen Schutzorte aus einen Angriff gegen die Vertheidiger der Mauer machten. — Noch in einer Stadt waren jetzt die Juden bedrängt, in der nördlichsten, Karnaim. Jetzt eilte Juda auch ihnen zu Hilfe, fand aber den Uebergang über den Jarmuch durch ein grosses Heer verlegt, das Timotheos aus allen Völkern rings umher, sowie aus arabischen Miethlingen gebildet und am jenseitigen Ufer des Flusses bei Raphon an der syrisch-arabischen Gränze — das nach Plinius als Raphana zur Dekapolis gehörte — unweit Karnaim postirt hatte. Juda aber setzte, Allen voran, kühn über den Fluss und schlug die Feinde, worauf er seinen Marsch sofort nach Karnaim fortsetzte, da auch ein Theil des feindlichen Heeres auf der Flucht sich in den dort befindlichen Aschtarot-Atergatis- oder Derketo-Tempel geworfen hatte. Stadt und Tempel wurden mit stürmender Hand genommen und verbrannt. Alle jüdischen Bewohner dieser Städte aber führte auch er nach Judaea, um ihnen dort eine neue Heimath zu gründen. Auf diesem, durch den grossen Tross behinderten Marsche, den er eben deswegen wohl nicht auf dem Wege, welchen er auf dem Hinwege genommen, zurücklegte,

---

[1]) 5, 26. [2]) Arch. XII 8, 3. [3]) I Macc. 8, 26.

gelangte Juda an eine Stadt Ephron, die nur noch Polybius [1]) erwähnt, und welche, — wie Herzfeld richtig bemerkt, — die ganze Thalbreite, durch die der Zug Juda's ging, einnahm. Juda musste hindurch, wollte er nicht nochmals in das Feindesland zurückkehren. Da ihm nun von den Bewohnern der Durchzug nicht gestattet wurde, dieselben vielmehr die Thore schlossen und verrammelten, belagerte er die Stadt einen Tag und eine Nacht, eroberte sie und machte sie dem Erdboden gleich. In vorsichtigem Marsche, auf dem Juda stets den Nachtrab selbst führte, überschritten sie endlich den Jordan und gelangten in die Ebene von Beth-Schan nach Skythopolis. An die Erwähnung dieser Stadt, die nur dazu dient, um den Ort anzugeben, wo Juda den Jordan überschritten, hat das II Maccabaerbuch [2]) eine rührende Erzählung von der freundlichen Gesinnung der Heiden, in dieser Stadt gegen die Juden angeknüpft, der Herzfeld ohne alle Begründung Glauben schenkt, obwohl sie im Widerspruch zu dem Scholion der Megillat Taanis [3]) steht. Eher könnte man hier im Texte des I Maccabaeerbuches [4]) eine Lakune annehmen, in die dann eher eine Züchtigung von Beth-Schan passte. Nach dem II Maccabaer gelangte Juda zu Schwuaus [5]) 163 v. Ch. nach Jerusalem, was glaublich ist, da er in demselben Jahre noch eine Expedition unternahm. Die zurückgelassenen Heerführer nämlich hatten, von Ruhmbegier getrieben, den erhaltenen Befehl missachtet und einen Zug gegen Jamnia [6]) unternommen. Von Gorgias, dem syrischen Statthalter in der Niederung aber, der wohl seinen Sitz in Jamnia hatte [7]), — geschlagen, hatten sie. zweitausend Mann verloren und waren in aufgelöster Flucht heimgekehrt. Um diese Scharte auszuwetzen, zog Juda nun gegen die Idumaeer im Süden Judaeas [8]), nahm Hebron, zerstörte sein Kastell und verbrannte seine Thürme, wie er auch

---

[1]) VII, 70. Ewald IV 410 Anmerkung 3: — vielleicht das auf Robinsons Karte zu Neuer. For. auf dem Wege nach Scythopolis in gebirgiger Gegend verzeichnete Hebrâs. [2]) 12, 31. [3]) Zu 15 und 16. Siwan. [4]) 5, nach Vers 32. [5]) Pfingsten. [6]) An der Küste, auch Jabne jetzt Yebna. [7]) Ἰαμνείας στρατηγόν Josephus. Arch. XII, 8, 6. [8]) 1 Macc. 5, 65 ἐν τῇ γῇ πρὸς νότον.

mit den offnen Städten ringsumher verfuhr [1]). Graetz [2]) hat hierin eine Unterjochung Idumaeas gesehen. Der Wortlaut aber spricht vielmehr hier, wie früher, nur für einen Plünderungs- und Rachezug. Und auch das Verfahren Judas stimmt dazu; denn, wenn man ein erobertes Land behaupten will, verstärkt man eher die befestigten Städte, als dass man sie von Grund auf zerstört. Hierauf nahm Juda Marissa — מָרֵשָׁה —, wie auch I Maccabaeer [3]) anstatt Σαμάρειαν nach Josephus mit Grotius [4]) zu lesen ist. Dann wandte er sich nach Ἄζωτος „Aschdod" — das wohl in die Strategie des Gorgias gehörte, eroberte es und zerstörte die Götzenbilder daselbst. — Aus dieser Notiz und dem vom I Maccabaeer [5]) erwähnten Fallen mehrerer Priester hat das II Maccabaeer [6]) eine erbauliche Geschichte zusammengebraut, nach der die Gefallenen, Götzenbilder bei sich gehabt und ihr Tod die Strafe dafür gewesen sei; und auch dieser aus leichtfertigem Compiliren und starrem Wunderglauben entsprungenen Erzählung trägt Herzfeld kein Bedenken, Glauben zu schenken. —

Καὶ ἐσκύλευσε τά σκῦλα τῶν πόλεων [7]), auch das bezeichnet den ganzen Zug Judas als einen nur der Plünderung wegen unternommenen. Diesen Zweck hatte er erreicht und so kehrte er heim. Unterdess war Antiochus Epiphanes gestorben, nachdem er Persepolis erobert, bis Ecbatana vorgedrungen und einen elymaeischen Tempel der Nannaea oder Anaitis [8]), einer Gottheit, die Strabo und Appian mit der Venus, Polybius mit der [9]) Artemis identificirt, geplündert hatte [10]) — so lauten die Berichte bei Appian de re-

---

[1]) Eod. l. τάς θυγατέρας αὐτῆς — Uebersetzug des biblischen וְאֵת בְּנֹתֶיהָ z. B. Richter 1, 27. [2]) Geschichte der Juden III. S. 77. [3]) 5, 66. [4]) Z. St. [5]) 5, 67. [6]) 12, 40. [7]) I Macc. 5, 68. [8]) Anahiti, die befruchtende Göttermutter, eine der alten Göttergestalten die seit der Religionsänderung durch Zoroaster an Ansehen zwar verloren hatten, aber doch ferner verehrt wurden. [9]) So auch Plutarch. Artaxerxes 1221. 41. ed. Didot. Τῆς γάρ Ἀρτέμιδος, τῆς ἐν Ἐκβατάνοις, ἥν Ἀναΐτιν καλοῦσιν. [10]) Auch Daniel 8, 9: „Und wird ausnehmend gross nach dem Süden — Aegypten — und nach dem Osten — Persien — und nach der Erde Zier — Palästina —", scheint auf in Persien erzielte Erfolge hinzudeuten.

bus Syriacis¹); ' während Polyb²). Dexippus ap. Syncell.³), Hieronymus zu Daniel⁴) — das I. Maccabäerbuch⁵) und Josephus⁶) ihn gar keine Erfolge erringen und zu schmählichem Rückzug gezwungen werden lassen. — Nach unsern Quellen erfolgte sein Tod zu Babylon⁷), nachdem er vorher noch das Erstarken der jüdischen Revolution und die oftmalige Niederlage seiner Waffen erfahren hatte, Ende 164. v. Chr. jedenfalls auf natürliche Weise, was selbst Daniel⁸) zugiebt⁹).

¹) 66, ²) XXXI. 1], ³) p. 533. ⁴) XI, ⁵) 7, 6. ⁶) Arch. XII, 9a. ⁷) Nach Hieron. in Daniel XI. S. 604 und Polyb, ed. Becker 31, 11. in dem persischen Städtchen Tabis. ⁸) VII, 25 וּבְאַפְסַ יָד יִשָּׁבֵר. Und ohne Menschenhand wird er gebrochen."

⁹) Es ist eigenthümlich, dass diese beabsichtigte Plünderung des Tempels der Nannaia in Elymaea von den meisten Schriftstellern als alleiniger Zweck des Zuges, den Antiochus nach Persien unternommen hatte, angegeben wird, während die andern, unserer Meinung nach gewichtigeren Gründe fast vollständig zurücktreten. Da dieser Hauptgrund aber unausbleiblich religiöse Reflexionen hervorruft, und selbst Polybius den bald darauf erfolgten Tod des Königs als eine Rache der beleidigten Gottheit ansieht, so glauben wir, dass hier mehr als an irgend einer anderen Stelle im Leben des Epiphanes die Kritik herausgefordert wird, die uns erhaltenen Berichte schonungslos zu prüfen: Appian Syr. S. 322 erzählt: *Καὶ τὸ τῆς Ἐλυμαίας Ἀφροδίτης ἱερὸν ἐσύλησεν*. Polybius ed. Gron. exc. de virt et vit. — Becker 31, 11 — berichtet, dass Epiphanes nur aus Geldmangel den Plan gefasst habe, das Heiligthum der Artemis zu plündern; er sei aber von den umherwohnenden Barbaren zurückgetrieben worden. Josephus, Arch. XII c. 9, lässt den Plan zu dieser Plünderung vom Könige erst gefasst werden, als er, *τὴν ἄνω χώραν ἐπερχόμενος*, von diesem Tempel hörte. Diese Stadt „Elymais" kann er aber nicht erobern, er wird sogar von ihren Vertheidigern heftig verfolgt, so dass er nach Babylon fliehen muss, wobei er viele Leute verliert. Ebenso das I. Macc. 6, 3, 4. Dagegen berichtet das II. Macc. 9, 2, dass Antiochus in Persepolis eingedrungen sei, dort versucht habe den Tempel zu plündern, *καὶ τὴν πόλιν συνέχειν*. Wie wir oben S 20 nachgewiesen haben, war der Zug des Antiochus veranlasst worden durch den Abfall des Artaxias von Armenien und den durch die Parther begünstigten Aufstand der Perser, den das I. Macc. 3, 31, insoweit zugiebt, als nach ihm Antiochus *ἐβουλεύσατο-λαβεῖν τοὺς φόρους τῶν χωρῶν*. Die Niederwerfung des Ersteren war ihm gelungen, — vid. unter Andern Appian Syriaca. ed. Becker S. 306 und 322, und Diodor bei Müller frg. II. S. X. 9. und Feder exc. Escurial. S. 14 — doch hatte er ihn in seinem Reiche belassen, nachdem er Gehorsam zu leisten versprochen hatte. Der Zug gegen die Perser misslang vollständig; das ist zwar nicht ausdrücklich ausgesprochen, liegt aber in dem Misserfolge bei der berichteten Tempelplünderung und wird auch

Doch nicht blos durch seine Verschwendung, seine grossen, unausführbaren Plane hat er sein Reich zerrüttet. Seine letzte Regentenhandlung noch war dazu

daraus zum Theil ersichtlich, dass an Pompejus in Kleinasien Gesandte eines Königs von Elymäa kamen — Plutarch vita Pompej. ed. Didot 761. — Wenn auch bei der gräulichen Verwirrung, die in der folgenden Zeit im Syrischen Reiche herrschte, das Losreissen Elymaeas vom Gesammtreiche erst später erfolgt sein kann, ohne dass ein Bericht darüber auf uns gekommen ist, so liegt doch jedenfalls die Vermuthung nahe, dass diese Trennung sich in der Zeit des Epiphanes vollzogen habe und mit dessen Zuge nach Persien in Verbindung stehe. Keineswegs aber war derselbe unternommen worden, nur um zu plündern. — Nun scheint jedoch Appian l. l. anzunehmen, dass der Tempel wirklich geplündert worden sei, während alle Uebrigen das nicht zur Ausführung gelangen lassen. Appians Bericht ist also jedenfalls ungenau. Die Relationen aller Andern sind aber wiederum derart, dass sie allzusehr daran erinnern, dass der Vater des Epiphanes, Antiochus III, bei der Plünderung eines Tempels in derselben Gegend seinen Tod gefunden haben soll. Siehe Justin 32, 2, der denselben Tempel „der Nannaia" bezeichnet, während Strabo 16, p. 872, 40, einen Tempel des Bel annimmt. Sehr auffallend ist es nun, dass dieser letztgenannte Schriftsteller Nichts von dem Plünderungszuge des Epiphanes erzählt, obschon er auch von dem Raubzuge des Mithridates I weiss (der unter andern Tempeln auch den der Artemis geplündert hat); und sogar zwischen Antiochus III und Mithridates insoweit eine Parallele zieht, als die Elymäer gegen beide sich tapfer gewehrt und den erstern selbst erschlagen haben. Also scheint es uns sehr wahrscheinlich, dass der Plünderungszug gegen diesen Tempel der Volksdichtung entsprungen ist, die den Seleuciden nicht günstig war — wie denn das II. Macc. 8 auch von Seleucus einen Versuch berichtet, den jüdischen Tempel zu berauben, also den Vater und beide Söhne zu Tempelräubern macht — und die sich wohl auf den nebensächlichen Umstand stützte, dass — wenn dem II. Macc. zu trauen ist — in Persepolis, der Hauptstadt des angegriffenen Reiches, ein angesehener Tempel war; ein Umstand, der wohl von den Führern der Perser benutzt worden war, um den religiösen Fanatismus noch mehr, als schon geschehen, gegen den fremden König wachzurufen. Einen ganz analogen Fall bietet Cicero pro lege Manilia 9, 23, indem er bemerkt, dass die Völker Armeniens die Waffen gegen Lucullus ergriffen hätten (a. 69 a. Chr.): „Erat enim alia gravis, atque vehemens opinio, quae per animos gentium barbarum pervaserat, fani locupletissimi et religiosissimi diripiendi causa in eas oras nostrum exercitum esse adductum." Diesen Tempel setzt nun Mommsen (R. G. III. 66) nach Elymais. So dass es fast scheint, als ob es sich um denselben Tempel der Anahiti handelt, gegen den auch der Zug des Antiochus soll gerichtet gewesen sein.

Da nun auch Antiochus bald nach diesem Zuge starb, so konnte die Sage sich abrunden und erzählen, wie schnell die Rache der beleidigten Gottheit den gottlosen Sünder getroffen habe. Galt es ja

angethan, die Verwirrung über seinen Tod hinaus zu verewigen. Er übergab nämlich seinem Freunde Philipp das Diadem, den königlichen Ring und das königliche Gewand zur Uebergabe an seinen, nach Appian[1]) neun, nach Euseb. armenischer Chronik dreizehn und ein halbes[2]) Jahr alten Sohn, Antiochus, und bestellte zugleich den Philipp zu dessen Vormund und zum Reichsverweser, ohne daran zu denken, dass er bei Antritt seines Zuges dieses Amt dem Lysias übertragen hatte. Ausserdem lebte der legitime Thronerbe Syriens damals noch als Geissel in Rom, Demetrius, der Sohn des Seleukos Philopator, an dessen Stelle sich Antiochus des Thrones bemächtigt hatte. All'

die Verunglimpfung eines Menschen, der ein Feind aller nationalen Gottheit gewesen, der nach Daniel 11, 3, 5 „sich auflehnte und sich stolz erhob gegen jede Gottheit", der eod. l. 36. וְעַל אֱלֹהֵי אֲבֹתָיו לֹא יָבִין „selbst die Götter seiner Väter nicht geachtet hatte."

Erlaubt sei uns noch, darauf hinzuweisen, wie der nationale Hass es nicht zugab, den König eines natürlichen Todes gestorben sein zu lassen, sondern — II. Macc. 9 — entsetzliche Qualen erdichtete, um so die Gerechtigkeit der Gottheit hienieden schon als bewährt zu zeigen. — Georgius Cedrenus I. 288 lässt ihn noch dazu krank vom Wagen fallen, um seine Schmerzen in etwas zu vergrössern — dasselbe bei Josippon III. 12. und zwar auf einem nach der Rückkehr aus Persien gegen die Juden unternommenen Zuge. — Polybius nun, dem diese Volkssage erzählt wurde, hat sie wörtlich als Wahrheit genommen, da ihm das Edict des Antiochus nicht als Auflehnung gegen die Gottheit, wie den orientalischen Völkern erschien, und er so keinen Grund sah, in dieser Erzählung eine dem Volkshasse entsprungene Erdichtung zu finden. Jedenfalls glauben wir als constatirt annehmen zu können, dass Epiphanes seinen Zug nicht der Plünderung eines Tempels wegen unternommen habe, und dass auch auf diesem Zuge die Stadt, in der dieser Tempel sich befand, aus politischer Rücksicht und nicht der Plünderung wegen, von ihm belagert worden sei. Oder mit andern Worten, dass, wenn ein wahrer Kern in dieser Dichtung ist, er lautet; dass zufälligerweise in einer im Aufstande befindlichen Stadt ein Tempel gewesen sei, der wegen und mit dieser Stadt, nicht aber die Stadt wegen des Tempels belagert worden sei.

[1]) Syriaca 66. Vielleicht meint er, bei Antritt der Mitregentschaft, so dass er jetzt 10½ Jahr alt gewesen. [2]) Ebenso Porphyrius Tyrus bei Müller frg. 70, 14, der ihn, als sein Vater nach Persien zog, einen Zwölfjährigen nennt, zugleich aber berichtet, der Zug bis zum Tode des Epiphanes habe ein Jahr und sechs Monate gedauert.

diese schwankenden Zustände beschleunigten den Untergang der syrischen Dynastie, dienten aber zum Emporheben der Hasmonaeer und zum schnellern Erlangen der jüdischen Unabhängigkeit. Sobald die Nachricht von dem Ableben des Epiphanes nach Antiocheia gelangt war, setzte Lysias den, schon seit einem und einem halben Jahre[1]) zum Mitregenten ernannten, königlichen Knaben unter dem Beinamen Eupator zum Könige ein. Unterdess' hatte aber die syrische Besatzung der, nach Josephus auf der Süd-Seite, nach Robinson[2]) auf der Nord-Seite Jerusalems errichteten ἄκρα, gemeinsam mit den dort befindlichen Hellenisten, die Lage ihrer Burg, die den Tempelberg beherrschte, benutzt, um die zum Tempel Wallenden zu überfallen, und so den Opferdienst zu stören: Bei der Ungewissheit und den schwankenden Verhältnissen in dem ganzen Reiche, die durch den Thronwechsel und die in Aussicht stehenden inneren Kämpfe herbeigeführt waren, glaubte Juda die Zeit gekommen, auch diese letzte Zufluchtsstätte der Abtrünnigen und Syrer im jüdischen Lande zu erobern. Da die Akra aber sehr fest war, hielt er es für nöthig, Belagerungsmaschinen herbeizuschaffen und die Belagerung kunstgerecht zu betreiben. Ende 163. Anfang 162 v. Chr. Die Besatzung sandte aber einige Boten an den König ab, welche diesem die Lage der Dinge vortragen sollten. Zugleich hatten sich mehrere Hellenisten mit durchgeschlichen, die nun vom Könige und dessen Vormunde es als Erfüllung der königlichen Pflicht und der königlichen Dankbarkeit forderten, für sie einzutreten; da sie nur des Gehorsams wegen, den sie den Befehlen seines Vaters geleistet, von ihren Volksgenossen bekämpft wurden. Zugleich wiesen sie darauf hin, dass Juda und seine Partei immer Grösseres erstrebten, und nach ihrer, der Hellenisten, Vernichtung, die Niederwerfung jener dem Könige nicht gelingen dürfte. Da der römische Senat wohl in dieser Zeit den Demetrios mit seinen Ansprüchen auf den syrischen Thron abgewiesen hatte, von daher also

---

[1]) vide oben S. 40. [2]) vide oben S. 7.

Nichts zu befürchten war,[1]) ging Lysias auf ihre Vorstellungen ein und bereitete einen Zug gegen Juda vor. Um so leichter hatte er sich dazu bewegen lassen, als auch von dem ernannten Reichsverweser Philipp noch Nichts zu hören war. Wahrscheinlich berichtet hier das II. Maccabaeerbuch[2]) einmal wieder etwas Richtiges, indem es Philipp nach Aegypten reisen lässt, um die Hilfe der Ptolemaeer gegen Lysias, zu erlangen. Wenn das in Wahrheit geschehen war, kann es sogar für Lysias ein mitbestimmender Grund zur Wiederaufnahme des jüdischen Krieges gewesen sein, von dem man sich den unbestrittenen Besitz Palaestinas und so des Weges nach und von Aegypten als Resultat versprach. Dass die Furcht vor dieser aegyptischen Invasion aber — die am Ende gar nicht ins Werk gesetzt worden ist — der Hauptgrund zu dem Zuge gegen Palaestina sei, wie Ewald[3]) meint, können wir durchaus nicht zugestehen. Müssen wir auch annehmen, dass man zu dieser Zeit am Hofe von Antiocheia den Juden gegenüber eine ganz andere Politik, als in der Zeit des Epiphanes, zu befolgen gedachte, so kann sich diese Gesinnungsänderung doch nur auf Gewährung der Religionsfreiheit beziehen, was die Assidaeer allein befriedigt hätte. Keineswegs jedoch konnte man daselbst gesonnen sein, das Land völlig anfzugeben, dasselbe ungehindert selbständig werden zu lassen, also den schon deutlich hervortretenden Absichten der Hasmonaeischen Partei entgegenzukommen. Die Behauptung und Beruhigung des Landes vielmehr sollte durch den Zug erreicht werden, den Lysias selbst anführte und auf dem der junge König ihn begleitete. Ein gewaltiges Heer von Miethlingen ἀπὸ νήσων und Militairpflichtigen, das nach I. Macc.[4]) Hunderttausend zu Fuss, zwanzigtausend Reiter und zwei und dreissig Elephanten stark war, dessen Zahl aber Josephus[5]) mit fünfzigtausend Mann Fussvolk, fünftausend Reitern und achtzig Elephanten angiebt[6]), sollte die Furchtsamen schrekken und zum Gehorsam zurückführen, die Wider-

---

[1]) Justin 34, 3. Polyb. Diodor. [2]) 9, 29. [3]) Gesch. d. Volk. Israel IV, 420. [4]) 6, 29. [5]) b. J. 1, 5. [6]) vid. in Folgendem S. 45.

spenstigen aber zu Boden werfen [1]). Die Erzählung des II Maccabaeers [2]), dass der längst verschollene Hohepriester Menelaos jetzt während des Zuges zum Könige kam, um ihn überflüssigerweise in seinem Vorhaben zu bestärken, sowie dass auf Lysias Rath er jetzt schon hingerichtet wurde, ist ganz unmotivirt und widersinnig, was Herzfeld jedoch nicht abhält, derselben vollen Glauben zu schenken. Menelaos befand sich vielmehr wohl unter denen, welche aus der Akra entwichen waren und die erste Anregung zu diesem Zuge gegeben hatten. Da nun die Folge desselben ein Friedensschluss war, in dem die Syrer die Hellenisten fallen liessen, so spricht auch die Wahrscheinlichkeit für den Bericht des I Maccabaeers und Josephus [3]), dass er erst auf dem Rückzuge getötet worden, wohl um den ewigen Unruhstifter bei Seite zu schaffen und den Assidaeern zu zeigen, dass der König ernstlich den Frieden wolle und so diese Partei gänzlich von der nationalen Unabhängigkeitspartei zu trennen. — Der Zug des syrischen Heeres ging wohl durch Coelesyrien [4]) die Küste hinab, dann durch die samaritanische Niederung an Philistaea vorbei, durch das idumaeische Gebiet im Südwesten Judaeas [5]) und hatte als Endpunkt das stark befestigte Bethzur, südwestlich von Bethlehem und südlich von Jerusalem, dessen Belagerung sofort unternommen wurde. Die Uebermacht und Kriegskunst waren auf Seite der Syrer, die Lysias ruhig und sicher leitete, während Juda, der bis dahin nur durch seine ungestüme Tapferkeit gesiegt hatte, jetzt höchstens ein paar Tausend disciplinirter Fusssoldaten, aber keine Reiter hatte. Erst, als das königliche Heer schon einige Zeit vor Bethzur

---

[1]) Das Führen der Elephanten war gegen den Friedenstraktat des Antiochus III. mit Rom. Polyb. ed. Gron. exc. leg. 24, 35. Appian Syriaca ed. Becker I, p. 301. Da nun bei keiner Expedition bis an's Ende Juda's, mit Ausnahme der jetzigen, solche wieder vorkommen, so folgt daraus, dass Rom dagegen protestirt habe, was auch Appian p. 307 als in der letzten Zeit des Lysias und Eupator geschehen, berichtet, während Polyb. 31, 12. die Sendung des Gn. Octavius, zur Wegnahme der Elephanten und Kriegsschiffe bald nach der Abweisung des Demetrios, also während dieses Zuges, ansetzt. [2]) 13, 4 f. f. [3]) Arch. XII. 9, 7. [4]) Herzfeld l. l. [5]) Robinson. Palaestina II. bei Ewald IV 414. Anmerk. 5.

gelegen hatte, und ihm selbst die Einnahme der Burg von Jerusalem noch nicht gelungen war, hob Juda die Belagerung auf und zog dem Könige entgegen. Herzfeld [1]) schliesst sich hier wieder dem II Maccabaeer [2]) an, dass Juda dem Könige schon auf dem Marsche ein Gefecht geliefert habe und sucht es dadurch zu bekräftigen, dass er es sehr unwahrscheinlich findet, dass Juda erst von der Davidstadt abgezogen sei, nachdem der König Bethzur schon einige Zeit belagert habe. Das ist jedoch durchaus nicht so unwahrscheinlich, da Juda wohl, wie auch der Ausgang erweist, sich zu schwach gefühlt haben mag, in offnem Felde dem starken Feinde gegenüberzutreten; daher musste er darauf bedacht sein, falls Bethzur wirklich fiele, seinen zweiten Stützpunkt, den Tempelberg nicht zwischen zwei Feuer, das Belagerungsheer und die Besatzung der Burg von Jerusalem gerathen zu lassen. Dann aber hatte Juda zur Belagerung gewiss nur die kleine Schaar fester Anhänger bei sich, und um gerüstet den Zug gegen den König anzutreten, musste er vorher durch das ganze Land erst einen Aufruf ergehen lassen. Was ist da wahrscheinlicher, als dass er, bis das Aufgebot sich gesammelt hatte, alle Kräfte aufbot, um die Burg noch zu nehmen, und erst abzog, als die Mannschaft beisammen war. Das I Maccabaeerbuch [3]) erwähnt natürlich von dieser Procedur Nichts, sondern sagt nur *καὶ παρενέβαλεν εἰς Βαιϑζαχαρίαν*, fast eine und drei viertel [4]) Meilen von Bethzur, in einem Engpasse auf dem Wege zwischen Bethzur und Jerusalem, also in der Absicht dem Könige diesen Weg zu versperren. Lysias, der das Gefahrdrohende dieser Stellung erkannt hatte, zog ihm aber, wohl mit Hinterlassung eines Observationscorps vor Bethzur, entgegen. Die Elephanten wurden im Centrum der Schlachtordnung

---

[1]) I. S. 324. Anmerk. 99. [2]) 13. [3]) 6, 33. [4]) Robinson Neuer. Forsch. 371: Vor uns sahen wir Beit Sakârieh auf einem fast allein stehenden Bergvorsprung oder Tell, der nordwestlich zwischen zwei tiefen Thälern hervorragt und mit dem höhern Lande im Süden durch eine niedrige Bergzunge zwischen den Anfängen dieser beiden Thäler verbunden ist. Dort sind Ruinen (S. 372) in fast unangreifbarer Lage; 2¼ Stunden Ritt von Bethzur, also 70 Stadien entfernt, auf dem Wege nach Jerusalem.

aufgestellt, um jeden tausend Fussgänger [1]) in schwerer Rüstung und fünfhundert Reiter, die die beständige Begleitung eines Thieres bilden sollten. Auf einem jeden derselben war ein hölzerner fester Thurm, in dem zwei und dreissig [2]) Krieger sich befanden, ausserdem noch auf jedem ὁ Ἰνδὸς αὐτόυ der Führer des Elephanten. Die übrigen schwer gepanzerten Reiter erhielten eine Flügelstellung an beiden Seiten des Heeres, während die übrigen Truppen — die Hypaspisten und sonstige Leichtbewaffnete — zu beiden Seiten das Gebirge als Plänkler [3]) erstiegen. Diese Schilderung der Schlachtstellung zeigt wiederum, wie ungenau und willkührlich das II Maccabaëerb. verfährt; es nimmt nämlich fünftausend dreihundert Reiter und zwei und zwanzig Elephanten beim syrischen Heere an, und diese Zahl der Elephanten erfordert nach dieser Aufstellung zehntausend Reiter. Aber auch das I Maccabaeerbuch giebt mit hunderttausend Fusssoldaten eine zu grosse Zahl; denn, da in der Ebene zwei und dreissigtausend zum Schutze und eintausend sechs und fünfzig [4]) auf den Elephanten waren, so blieben noch sechs und sechzigtausend neunhundert vier und vierzig Mann verwendbar. Ein richtiges Verhältniss scheint sich nur zu ergeben, wenn wir bei den Angaben des I Maccabaeers statt hunderttausend mit Josephus [5]) fünfzigtausend zu Fuss lesen, so dass von ihnen in der Schlachtreihe drei und dreissigtausend sechs und fünfzig [6]) und ausserdem zehntausend Reiter standen, die übrigen viertausend Reiter die Flanken deckten und sechs bis siebentausend Fussgänger

---

[1]) Hierdurch schon erweist sich Joseph. Angabe von 80 Elephanten als falsch. [2]) Wohl auch eine übertriebene Angabe, obschon verschiedene Waffengattungen auf einem Thiero Platz fanden nach Polyaen. Strateg. ed. Woelffl. S. 299, 30. σφενδονήτας καὶ τοξότας. Richtig ist sicherlich die Ansicht, dass ursprünglich im Texte gestanden habe שְׁלִישִׁים וְשָׁנַיִם 2 und 3. was der griech. Uebersetzer dergestalt missverstanden hat. vid. Rosenthal das I Maccabaeerbuch. Leipz. 1867. S. 10 u. daselbst Anmerk. 1. [3]) Josephus Arch. XII. 9, 4. [4]) Nach der Conjectur v. Anmerk. 2. wären hier nur etwa zweihundert Mann erforderlich gewesen; das Missverhältniss also noch etwas grösser! [5]) b. J. I, 1, 5. [6]) Nach Anmerkung 2 und 4 nur 32,200.

als Plänkler uud Seitenpatrouillen verwendet wurden, während zehntausend vor Bethzur zurückgeblieben waren. Als nun die Sonne aufging, erglänzte das ganze Gebirge von den goldnen und ehernen Schilden, und hallte wieder von dem tausendfachen Kriegsgeschrei. Juda aber hielt in seiner festen Stellung den Anprall muthig aus und tötete dabei gegen sechshundert Mann. Eleazar, sein Bruder, aber sah einen Elephanten, der alle Andern an Grösse und kostbarem Schmucke übertraf und glaubte, dass auf diesem der König sich befinde, indem er, wie Josephus [1]) angiebt, den Führer für den König hielt[2]). Wenige Jahre später, unter Jonathan, hätte es wahrlich nicht mehr geschehen können, dass ein Mann aus dem Hause der Maccabaeer, dass ein Bruder des Volksführers die Verhältnisse am syrischen Hofe so wenig kannte, dass er einen Mann auf dem Throne wähnte, während ein zehn bis vierzehnjähriger Knabe ihn einnahm, — wozu noch kömmt, dass es sehr fraglich ist, ob die indische Sitte, den Elephanten als Reitthier zu benutzen in Makedonien und Syrien Eingang gefunden habe. — Diese jüdische Helden und Ritterzeit zeichnet sich eben vor ähnlichen Epochen anderer Völker durchaus nicht durch Kenntniss der auswärtigen Dinge aus. Gesunder, natürlicher Blick, gepaart mit Glaubenstreue und Opfermuth ist Alles was der Held in dieser Zeit besass und bedurfte. So setzte Eleazar auch sein Leben daran, um den vermeinten König zu töten. Da er diesen aber auf seinem hohen Sitze nicht erreichen konnte, begab er sich unter den Elephanten, verwundete diesen, ward jedoch von der ungeheuren Last des zusammenbrechenden Kolosses selbst erdrückt. So war der erste Maccabaeer den Heldentod fürs Vaterland gestorben, der allen seinen Brüdern bestimmt war; und glücklich ist er zu nennen, dass es ihm vergönnt war, den schönen Tod auf dem Schlachtfelde zu finden und nicht, wie zwei seiner Brüder, durch Tücke und Verrath unterzugehen. Juda aber muss, nach den verhüllenden Berichten unserer Quellen, aus seiner Stellung ge-

---

[1]) eod. l. [2]) Verständlicher wäre es, wenn er das führende Thier hätte töten wollen, dessen Bedeutung v. Koechly u. Rüstow gr. Kr. S. 367.

worfen und genöthigt worden sein, hinter den Mauern Jerusalems Schutz zu suchen. Ihm folgte der König auf dem Fusse. Bethzur ward bald zur Uebergabe genöthigt, da es daselbst an Mundvorrath fehlte — es war ein Sabbatjahr [1]) vorhergegangen — auf die Bedingung, dass ihnen kein Leid geschehe. Sie wurden $\gamma \nu \mu \nu o i$ das heisst, ohne ihre Habe, aus der Stadt getrieben und eine syrische Besatzung hineingelegt. Gegen den befestigten Theil der Stadt Jerusalem und den Tempelberg concentrirte sich jetzt die gesammte syrische Macht und aus allen Kräften wurden die Juden mit Belagerungs- und Wurfmaschinen angegriffen. Doch auch sie wehrten sich durch Aufstellung von Gegenmaschinen, bis auch an diesem Orte der Mangel an Lebensmitteln die Vertheidigung erschlaffen liess und

---

[1]) Zuckermann: Ueber Sabbatjahrcyclus und Jobelperiode — Jahresbericht des Seminars 1857, S. 33. — Es war also das seleucidische Jahr 177 = 135 v. Chr. ein Schaltjahr. Zählt man von hier aber wiederum vier Sabbatjahrcyclen zurück, so muss ein Sabbatjahr in das Jahr 149 ae. Sel = 163 v. Chr. fallen. I Maccab. und Josephus. (Ant. XII. 9, 6.) aber geben 150 ae. Sel. als Sabbatjahr (Bethzur macht in Folge Mangels an Lebensmitteln Frieden mit Lysias und Eupator und auch die Belagerten in Jerusalem konnten deshalb sich nicht halten.) Dieser Widerspruch ist so zu lösen, dass das 1 Macc. keineswegs sagen wollte, das 150te Jahr sei ein Sabbatjahr gewesen, sondern dass in Folge des ihm vorangegangenen Sabbatjahres 149 ae. Sel. der Mundvorrath ausgegangen war. Da nämlich diese Quelle ursprünglich hebraeisch geschrieben war, so hatte der Verfasser keine Bezeichnung für das Plusquamperfectum, indem das Tempus der Vergangenheit im hebraeischen zugleich Imperfectum und Plusquamperfectum bedeutet. Die Sätze: $\"o\tau\iota\ \sigma\acute{a}\beta\beta\alpha\tau o\nu\ \mathring{\eta}\nu\ \tau\mathring{\eta}\ \gamma\mathring{\eta}\"$; — $\"\delta\iota\grave{a}\ \tau\grave{o}\ \"{\epsilon}\beta\delta o\mu o\nu\ \"{\epsilon}\tau o\varsigma\ \epsilon\tilde{\iota}\nu\alpha\iota\"$ (I. Macc. 6, 53. haben hebraeisch gelautet עַל כִּי שְׁנַת הַשְּׁבִיעִית הָיְתָה und כִּי שַׁבָּת הָיְתָה לָאָרֶץ, was auch bedeuten kann: Es war im Jahre vorher 149 ae. Sel. ein Sabbatjahr gewesen; der Mangel an Lebensmitteln machte sich aber erst während der ersten Hälfte des Jahres 150 Sel. fühlbar". Diese Erklärung ist so vollständig befriedigend, dass es nicht nöthig erscheint, mit dem gehrten Verfasser der citirten Schrift (Anmerk. 31) Clinton (fast. Hell. III 374) zu folgen und den Zug des Eupator um fast 1 Jahr früher anzusetzen, was um so eher unannehmbar ist, als in dieser Zeit Juda, kaum von seinem Zuge gegen Gilead zurück, sich ohne Besinnen in neue Unternehmungen stürzte, und der Tod des Antiochus kaum dem Hofe zu Antiocheia bekannt geworden war; man daselbst also Wichtigeres — Rom und Philipp — zu ordnen und zu thun hatte, als sofort gegen Judaea zu ziehen.

es bewirkte, dass die Vertheidiger sich einzeln hinausschlichen. In der Zeit dieser Belagerung möchte wohl die im Talmud[1]) mitgetheilte Erzählung von den Bne Kuze Ali etc., die mit schlauer List zum Tempeldienste erforderliche Gegenstände in die Stadt brachten, gehören. Keineswegs jedoch passt es, wie Harzfeld[2]) angiebt, in die Zeit, wo die Hellenisten aus der Akra den Tempeldienst zu hindern suchten, — v. oben — denn in der Erzählung ist angegeben, dass es einer Wanderung durch offenes, bebautes Land bedurfte, um zum Tempel zu gelangen, und vor dem Falle Bethzurs durften die Hellenisten wohl keine Excursionen wagen, sondern konnten nur in dem Aufgange zum Tempelberge die Wallfahrer überfallen. Für unsere Ansicht spricht auch, dass nur bei einer Belagerung ein solcher Mangel im Tempelberge sich erklären lässt. Josephus[3]) berichtet, dass Juda sich vom Schlachtfelde von Bethzacharia nach τὴν Γόφνιτικὴν τοπαρχίαν[4]) zurückgezogen habe, was von Ewald[5]) als ein Rest alter, sicherer Ueberlieferung angesehen wird. Da aber von Bethzacharia ihnen die Rückzugslinie nach Jerusalem offen stand, und überdies von einer hartnäckigen Vertheidigung der Stadt uns durch I. Maccabaeer und Josephus Arch.[6]) erzählt wird, so ist es keineswegs anzunehmen, dass Juda Jerusalem habe durch Andere vertheidigen lassen. Beide Angaben lassen sich jedoch, wie wir glauben, vereinigen, indem wir annehmen, dass Juda zwar sich nach Jerusalem zurückgezogen und dort die Vertheidigung geleitet habe, dass er aber später bei immer wachsendem Mangel an Nahrungsmitteln seine Leute einzeln hinausgeschickt habe, um sich durch die Feinde zu schleichen, wobei er ihnen Gofni, an der Samaritanischen Gränze, im Norden von Jerusalem, als Sammelplatz bestimmte. Auch er selbst mag, als die Hungersnoth zu völligem Ausbruch gekommen war, sich dahin zurückgezogen haben. Doch in gleicher Weise, wie die Belagerten, litt auch das belagernde Heer Mangel an Nahrungs-

---

[1]) Taanis 28, 9. [2]) I. S. 282 Anmerk. [3]) b, j. I. [4]) Jetzt nach der Karte Robinsons, Jifna vid. Neuere Forsch. S. 148 über die Toparchien. [5]) IV. 415. Anmerk. 2. [6]) l. l

mitteln, da Krieg und Sabbatjahr vereint die Aussaat im vorigen Jahre verboten hatten. Als nun auch Lysias — wie das I. Maccabaeerbuch[1]) richtig bemerkt, — Josephus,[2]) der hier ungenau excerpirt, lässt Lysias und den König die Nachricht erhalten, aber erstens spielte der König nur eine Statistenrolle, und dann war die Kunde nur für Lysias wichtig, dem Eupator konnte es gleich sein, wer in seinem Namen herrschte — benachrichtigt wurde, dass es Philipp endlich gelungen sei, ein Heer zu sammeln und auch das im Osten des Reiches stationirte königliche Heer auf seine Seite zu bringen, mit welchem er von daher „ἀπὸ τῆς Περσίδος καὶ Μηδείας"[3]) gegen Antiocheia heranzog, um die ihm von Epiphanes übertragene Würde eines Vormundes und Reichsverwesers mit dem Schwerte sich zu erkämpfen, fürchtete er, dass das Heer und dessen Führer, um nicht an der Beendigung des jüdischen Krieges gehindert zu werden, den Philipp in seiner Würde anerkennen und ihn beseitigen würden. So verschwieg er denn die hierüber erhaltenen Depeschen und stellte in einem Kriegsrathe vor, dass der belagerte Ort sehr fest sei; das Heer würde durch Kämpfe und Mangel immer schwächer, und dass es sich deshalb empfehlen würde, dem jüdischen Volke die Beobachtung seiner Gesetze und Gebräuche zu gestatten und so den einzigen Grund, der die Juden zur Empörung getrieben habe, hinwegzuschaffen. Dies wäre um so eher erforderlich, als man dieses kleinen Landstriches wegen nicht die allgemeinen Reichsgeschäfte vernachlässigen könne, die doch eine ungetheilte Aufmerksamkeit erforderten. Hierunter verstand Lysias die von Rom her in Demetrios drohende Gefahr und den Philipp, während die Heerführer vielleicht die Hindeutung auf Rom verstanden, sonst aber wohl die durch Antiochus Epiphanes keineswegs geordneten Verhältnisse im Osten des Reiches ins Auge fassten. Schon drohte auch die Gesandtschaft des Gn. Octavius mit dem Auftrage, alle den Friedensbedingungen mit Antiochus Magnus zuwider angeschafften Kriegsbedürfnisse zu confisciren, wogegen Gesandt-

---

[1]) 6, 55.   [2]) Arch. XII. 9. 6.   [3]) I. Maccab. 6, 56.

schaft und Bitten nicht ausrichteten.¹) Der Antrag des Lysias ward zum Beschluss erhoben, und den belagerten Juden der Frieden angeboten, in dem wohl Amnestie für das Geschehene, Sicherung der Religionsfreiheit und von jüdischer Seite Rückkehr zum Gehorsam gegen die Seleuciden versprochen und von beiden Seiten beschworen wurde. Josephus²) nennt hier, wohl mit Unrecht, Juda als denjenigen, mit dem der Friede abgeschlossen worden; seine eigene Annahme,³) dass Juda damals in Gophni weilte, ist dieser Angabe jedoch vorzuziehen. Eher könnte man an ein assidaeisches Synhedrion denken, das in dieser Zeit sich schon wieder gebildet haben kann und von den Seleuciden eher, denn die Hasmonaeer, als Vertreter der Nation anerkannt wurde. In Folge dieses Vertrages ward der König in die Stadt gelassen, wo er nach Besichtigung der Befestigungen befahl, die Mauer des Erde gleich zu machen. Dies wird von unsern Quellen als ein Bruch des eben geschlossenen Vertrages angesehen. Wir aber müssen uns der von Ewald⁴) und Flathe⁵) ausgesprochenen Ansicht ansbbliessen, dass, da der Vertrag Alles in den status quo ante der Tempelentweihung setzte, der König also als souveräner Herr und Gebieter anerkannt war, unter der Bedingung, dass er die Religion seiner Unterthanen unangetastet lasse,. er diesen Befehl, die Mauern niederzureissen, mit vollem Rechte erlassen durfte, was auch um so eher anzunehmen ist, da Lysias den Menelaos jetzt in Beroia — Ewald-Aleppo — hinrichten liess, um, wie Josephus⁶) angiebt, den Urheber der ganzen Verwirrung aus dem Wege zu schaffen und so zu bewirken, dass die Juden ferner Ruhe hielten.⁷) Dass es aber als eine Verletzung des Friedens ausgegeben wurde, konnte nur von der nationalen Partei der Hasmonaeer ausgehen, die, nach Abzug des Heeres und nachdem sie sich wieder erholt hatte, nach einem Grunde zur Wiedereröffnung der Feind-

---

¹) Polyb 31, 19. ²) Arch. XII. 9, 7. ³) b. j. 1, 5. ⁴) IV. 415. ⁵) Macedonische Gesch. II. 613. ⁶) Arch. XII. 9, 7. ⁷) ll. Maccab. fühlte diese Bedenken und erzählt daher 14, 1, dass der Frieden 3 Jahre gehalten worden, bis Alkimos bei Demetrios um Hilfe gegen Juda gebeten

seligkeiten suchte. Der König zog nun zurück nach Antiocheia. Als den Tag dieses Abzuges nennt Herzfeld[1]) den acht und zwanzigsten Schewat 162 vor Christi, gestützt auf Megillat Taanis zu diesem Tage, während Graetz[2]) diesen Tag als den Todestag des Antiochus Epiphanes angiebt. Wir nehmen keinen Anstand, Herzfeld's Erklärung beizustimmen, da Graetz keinen Grund angiebt, weshalb er im Scholion "מִירוּשָׁלַיִם" „von Jerusalem" streicht. Da überhaupt der Wortlaut des Scholion sich als ganz historisch giebt, was auch Graetz anerkennt, so folgen wir dem ohne Zwängen sich daraus ergebenden Sinne. Denn שָׁמַע שְׁמוּעוֹת רָעוֹת „Er hörte üble Nachricht", bezeichnet die Nachricht von dem Heranzuge des von seinem Vater zum Reichsverweser ernannten Philipp, was auch — s. o. — vom I. Maccabaeer und Josephus Arch. als Hauptgrund des Abzuges von Jerusalem angegeben wird. וְנָפַל בִּמְקוֹמוֹ „und er fiel an seinem Orte" — (Antiochus Epiphanes starb und nicht fiel er „נָפַל," und zwar in der Fremde, also nicht „בִּמְקוֹמוֹ," „an seinem Orte" i. e. in seiner Heimath) — ist seine nicht lange nachher in Syrien auf Befehl des Demetrios Soter erfolgte Hinrichtung. Dann aber passt der Wortlaut auch vortrefflich zu der Schilderung von der Belagerung Jerusalems וְלֹא הָיוּ יִשְׂרָאֵל יְכוֹלִין „לָצֵאת וְלָבֹא בְּיוֹם אֶלָּא בַּלַיְלָה", Israel konnte während des Tages weder aus noch ein, höchstens in der Nacht, gelang dies"; während Antiochus Epiphanes, nicht von einer Belagerung Jerusalems abberufen wurde. Der Ausdruck endlich er sei gekommen „לְהַחֲרִיב אֶת "יְרוּשָׁלַיִם וּלְהַשְׁמִיד אֶת כָּל הַיְהוּדִים Jerusalem zu zerstören und alle Juden zu vertilgen", kann sich eben sowohl auf Lysias und Eupator, als auf dessen Vater beziehen.

---

[1]) l. S. 286. Anmerkung [2]) Geschichte III. Note l. S. 466.

Den Philipp zwar besiegte Lysias und tötete ihn, wie Josephus[1]) angiebt, oder machte einen Vertrag mit ihm nach Dexippos.[2]) Aber Demetrios[3]) war Ende 162 v. Chr. unter Connivenz des römischen Senates, mit wenigen Begleitern von Rom entflohen und hatte sich der Stadt Tripolis bemächtigt. Lysias und Antiochus wurden ihm lebend überliefert und auf sein Geheiss getötet. Anfang 161 v. Chr. Vor dem neuen Könige erschienen nun sogleich wieder die ἄνομοι καὶ ἀσεβεῖς, an ihrer Spitze Alkimos, von dem Josephus[4]) erzählt, dass er durch Lysias sofort nach der Hinrichtung des Menelaos als Hohepriester installirt worden sei. Nach dem I. Maccabaeer[5]) bewarb er sich erst jetzt bei Demetrios um diese Würde. Da aber nach hergestelltem Frieden die Installirung eines Hobenpriesters mit zu den königlichen Rechten gehörte und die Einsetzung eines solchen, der nicht in die Parteikämpfe verwickelt gewesen, nothwendig war als ein äusseres Zeichen der vollständig wieder hergestellten Ruhe, und da ferner der vom I. Maccabaeer[5]) gebrauchte Ausdruck „βουλόμενος ἱερατεύειν" auch bedeuten kann, dass Jakimos die Funktionen seines Amtes ausüben wollte, wozu ihn wohl die Maccabaeer nach dem Abzug der Syrer nicht zugelassen hatten, da auch die syrische Besatzung, die nach Josephus[6]) in Jerusalem zurückgelassen worden war, nur die Akra beschützte und bei der Aufmerksamkeit, die sie den Vorgängen in Syrien zu schenken gezwungen war, nur wenig auf die innern Streitigkeiten der Juden

---

[1]) Arch. XII. 9, 7. [2]) ap. Syncell p. 531. [3]) Den Justin 34, 3 fälschlich zum Bruder des Antiochus Epiphanes macht; er war der Neffe desselben:

224—187 Antiochus III. magnus

187—175 Seleucus IV.   175—164 Antiochus IV. Epiphanes.

Demetrios I. Soter   Antiochus V. Eupator   Alex. Balas?
162—152   164—162   152—146

Demetrios II. Nicator   Antiochus Sidetes   Antiochus
146—140 u.   140—128   145—140 ermordet
128—126.   durch Tryphon.

[4]) Arch. XII. 9, 7. [5]) 7, 5. [6]) b. j. l. 1, 5. II. Macc. 14, 3, stimmt deutlich mit Jos. überein.

achtete, so kann man getrost der Angabe des Josephus folgen. Dieser nominelle Hohepriester[1]) verklagte Juda beim Könige, dass dieser die Freunde des Königs getötet und ihn selbst nebst seinen Anhängern aus dem Lande gejagt habe. Diese Angabe, die wohl richtig war, berechtigt Ewald jedoch nicht zu der Angabe, die Frommen hätten Alkimos gekränkt, denn Assidaeer und Hasmonaeer wandelten jetzt nicht mehr dieselbe Bahn. Die Letztern vielmehr, die in einem von den Syrern eingesetzten Hohenpriester nur einen neuen Jason oder Menelaos erblickten, und die selbst ein besseres Anrecht an das Hohepriesterthum zu haben glaubten, machten Jakimos seine Würde streitig. Obschon es zu den Möglichkeiten gehört, dass einige Assidaeer in dem kleinen Kriege, den Juda gleich nach dem Abzuge des Königs gegen die Syrer und deren Anhänger begonnen hatte, auf Seiten ihres heldenhaften Führers in den frühern Kämpfen geblieben waren, wodurch sich auch die später zu erzählende Schandthat des Bakchides erklären würde, den Ewald mit Recht in dem בַּגְרִים der Spätern wiederfindet. Diesen Bakchides, den Statthalter Mesopotamiens, sandte Demetrios nämlich mit einem Heere zur Unterstützung des Alkimos, den er in seiner Hohenpriesterwürde bestätigt hatte, mit dem Auftrage, nun endlich mit Juda und dessen Anhange ein Ende zu machen. Diesen seinen Auftrag suchte Bakchides, welcher bei der bekannten und gefürchteten Maccabaeischen Tapferkeit seinen militairischen Operationen keinen Erfolg versprach, durch List auszuführen. Frieden heuchelnd sandte er eine Botschaft an Juda und, wie aus dem Folgenden hervorgeht, auch an die Häupter der andern Parteien, um sie zu einer Besprechung, die die Beilegung aller Differenzen zum Zwecke haben sollte, einzuladen. So gedachte er die Führer der Rebellen mit einem Schlage vernichten zu können. Juda aber, dem eine friedliche Ausgleichung der Parteien, von denen die eine über ein gewaltiges

---

[1]) Geiger. Urschrift der Bibel sucht zu beweisen, dass der Proverbia c. 30, 29 genannte König Alkum dieser Alkimos sei; eine Annahme, die an innerer Unwahrscheinlichkeit krankt.

Kriegsheer gebot, mit Recht illusorisch erschien, lehnte ab und nur etwa Sechzig der Schriftgelehrten, der Führer der assidaeischen Partei, die um jeden Preis Ruhe und Frieden wünschten, glaubten den von Alkimos, dem Sprösslinge Aarons, unterstützten Betheurungen und Eiden des Bakchides, und überlieferten so, kein Falsch ahnend, sich selbst dem Henker, der sie alle an einem Tage bei Jerusalem niedermetzeln liess. Hier übersetzt das I. Macc.[1]) mit den Worten: „σάρκας ὁσίων σου καὶ αἵματα αὐτῶν ἐξέχεαν κύκλῳ Ἱερουσαλήμ, καί οὐκ ἦν αὐτοῖς ὁ θάπτων", die Verse zwei und drei des neun und siebzigsten Psalmes: „נָתְנוּ אֶת נִבְלַת עֲבָדֶיךָ מַאֲכָל לְעוֹף הַשָּׁמַיִם, בְּשַׂר חֲסִידֶיךָ לְחַיְתוֹ אָרֶץ, שָׁפְכוּ דָמָם כַּמַּיִם סְבִיבוֹת יְרוּשָׁלִָים וְאֵין קוֹבֵר", und giebt so selbst einen Fingerzeig, dass dieser Psalm bei dieser Gelegenheit wahrscheinlich gedichtet worden; (obschon diese Schilderung wohl auch auf die Verfolgung unter Epiphanes zu beziehen sein dürfte. So unsicher sind selbst die deutlichsten aus den Psalmen zu ziehenden Angaben[2]).) Durch diese Schandthat hatte Bakchides zwar Schrecken und Entsetzen erregt, aber auch Entrüstung und Rachegefühl, und so wider Willen die Assidaeer insgesammt wiederum ins hasmonaeische Lager getrieben. Wohl um hier calmirend zu wirken und Allen einzuprägen, dass Ruhe die erste Bürgerpflicht sei, liess er auch bei Bezeth „בֵּית זֵית"[3]), das später in den Stadtkreis Jerusalems gezogen wurde, viele Hellenisten abschlachten. Dieser Sinn ergiebt sich, wenn wir mit Ewald[4]) der Lesart des Alexandriners im I Maccab.[5]) „τῶν μετ᾽ αὐτόυ αὐτομολησάντων" folgen. Nach der gewöhnlichen Lesart ἀπ᾽ αὐτόυ würde es nur ein zweites, grösseres Blutbad unter den Assidaeern andeuten, was wohl auch richtiger ist und mehr im Zusammenhange stände mit dem von ihm bald darauf proclamirten Befehle: „Alle in dieser Gegend hätten dem Alkimos zu ge-

---

[1]) 7, 17. [2]) vide oben S. 16 Eusebius. [3]) Robinson. Neuere Forsch. p. 267. Bezetha, die Höhe auf der Nord oder vielmehr Nord-Nord-Westseite der jetzigen Haram Area. [4]) IV. 418. Anmerk. 2. [5]) 7, 19.

horchen"; worauf er selbst nach Antiocheia zurückkehrte. Diese schnelle Rückkehr, ohne den Kampf aufzunehmen, motivirt Flathe ²) mit den Kämpfen, die der neue König auch gegen die aufrührerischen Satrapen Heracleides und Timarchos zu führen hatte. Die Erzählung über diesen Zug überhaupt und das Verfahren des Bakchides ist so unmotivirt, dass wir wohl berechtigt sind, bedeutende Lücken in unseren Quellen anzunehmen. Vor Allem auffallend muss es erscheinen, dass uns nichts von einer Besetzung Jerusalems durch Bakchides berichtet wird. Denn Alkimos gab an, er sei von Juda aus dem Lande vertrieben worden, (s. o. S. 53) was doch Juda im Besitze Jerusalems erscheinen lässt. Da aber die eben besprochenen Hinrichtungen vor den Thoren Jerusalems vollzogen wurden, und von jetzt an bis zum Siege über Nikanor Jerusalem in den Händen der Hellenisten ist, so muss angenommen werden, Bakchides habe die erste durch die Ermordung hervorgerufene Bestürzung benutzt, um sich ohne Kampf der Stadt zu bemächtigen. Ferner erfahren wir auch nicht, wo Juda während der ganzen Zeit sich aufgehalten und ob er stillschweigend all' diesen Gräueln zugesehen habe. Dies scheint nicht der Fall gewesen zu sein, da es doch ganz unwahrscheinlich ist, dass Alkimos ohne jede Provokation aggressiv vorgegangen sei. Nach dem Berichte des I Maccabaeer ¹) und des Josephus ²) verschaffte sich nämlich Alkimos durch Schmeicheleien Anhänger und brachte bedeutende Truppenmassen zusammen, deren Gros aus Hellenisten bestand. Mit diesen durchstreifte er das Land und tötete Judas Anhänger. Nun erst habe dieser Revanche geübt, ebenfalls das Land durchzogen und die Hellenisten gemordet, so dass Alkimos wiederum sich genöthigt gesehen habe, vom syrischen Hofe ein starkes Heer zur Hilfe gegen Juda zu erbitten. In Wirklichkeit, das heisst, der Lage der Dinge angemessener, scheint es aber, dass Juda offensiv und Alkimos defensiv vorgegangen sei. Nun fasste man auch in Antiocheia die Sache etwas ernster an, was die Wahl des Führers dieser Expedition schon zeigt,

---

¹) Macedonische Geschichte II S. 623. ²) 7, 20. ³) Arch. XII, 10, 3.

die auf einen der ersten Beamten und Freunde des Königs, den Nikanor, der von Rom mit Demetrios entflohen war, fiel. Auch dieser soll es zuerst versucht haben, mit List die Maccabaeer zu fangen. Und Juda soll sogar zu der Unterredung gekommen sein. Aber während derselben sei ihm der Anschlag des Nikanor verrathen worden, worauf man die Verhandlungen abgebrochen und zu den Waffen gegriffen hätte. Dieser nochmalige Ueberlistungsversuch scheint zu sehr eine Variirung des von Bakchides in Scene gesetzten, als dass wir ihn für wahr gelten lassen könnten. Das Eine ist sicher, während Bakchides nur diplomatisch gegen die Bewaffneten, und mit Waffen gegen die Unbewaffneten verfahren hatte, schlug Nicanor die entgegengesetzte Methode ein. Das erste Treffen lieferte ihm Juda bei Χαφαρσάλαμα, כְּפַר שָׁלוֹם das nach dem Talmud[1]) ein heidnischer Ort an der samaritanischen Gränze nördlich von Ramlah war und im Mittelalter nach Robinson[2]) Carvasalim hiess. Nikanor ward geschlagen und verlor nach der glaublichen Lesart der Aldina und Complutensis[3]) fünfhundert Mann. Woher Herzfeld die Nachricht zukam, dass Juda geschlagen worden, können wir nicht wissen, da das I. Maccabaeerbuch[4]) liest καὶ ἔφυγον εἰς τὴν πόλιν Δαυίδ, und Josephus[5]) noch deutlicher hat: „Ὁ Νικάνωρ πολεμεῖν ἔκρινε τῷ Ἰούδᾳ. Ὁ δὲ συγκροτήσας καὶ παρασκευασάμενος πρός τὴν μάχην, συμβαλὼν κ. τ. λ. καὶ νικήσας, ἀναγκάζει αὐτὸν ἐπὶ τὴν ἐν τοῖς Ἱεροσολύμοις ἄκραν φεύγειν", während das II. Maccabaeerbuch[6]) uns von einem kleinen, ungünstigen Treffen Simeons gegen Nikanor berichtet, das es bei Dessau geschlagen werden lässt, wobei es aber ausdrücklich angiebt, Juda wäre dabei nicht betheiligt gewesen. In Jerusalem drohte nun Nikanor den wehrlosen Priestern, die ihn freundlich empfingen, dass er den Tempel zerstören würde, falls Juda nicht in seine Hand würde gegeben werden. Nachdem er dort einige Zeit ge-

---

[1]) Awoda Sara 31, 9. [2]) bei Ewald IV 419. Anmerk. 1.
[3]) bei Herzfeld S. 344. Anmerk. 103. [4]) 7, 32. [5]) Arch. XII 10, 4.
[6]) 14, 7.

rastet, zog er wieder aus und lagerte in Bethoron,[1] wo er Verstärkungen aus Syrien an sich zog. Juda aber lagerte in Adasa (חֲדָשָׁה), dreiviertel Meilen vom feindlichen Lager entfernt, welches Herzfeld[2] in dem Dorfe Dessau wiederfinden will, während Ewald es mit חֲרָשָׁה[3] identificirt. In diesem Lager hatte er dreitausend, nach Josephus nur tausend Mann, ein Umstand, der gleichfalls beweist, dass trotz des von Bakchides angerichteten Blutbades die Assidaeer en masse sich nicht Juda angeschlossen hatten. Am dreizehnten Adar entbrannte der Kampf, der mit dem Falle Nikanors zu Gunsten Judas entschieden ward. Denn sofort flohen die Syrer, Juda verfolgte sie einen Tagemarsch weit bis nach Geser „Γάζηρα" hin. Zugleich liess er durch Trompetenschall das Siegeszeichen ertönen, und ringsumher machten sich die jüdischen Bewohner auf gegen den fliehenden Feind. Bei einem derartigen Aufbieten des Landsturmes gegen einen fliehenden, also fast wehrlosen Feind scheint die Angabe des Josephus[4], dass alle Feinde, in Gesammtzahl neuntausend Mann, gefallen seien, nicht übertrieben. Mit Beute beladen, zogen die Sieger nun hinauf gen Jerusalem und hingen den abgeschnittenen Kopf sammt der rechten Hand des Nikanor auf παρὰ τὴν Ἰερουσαλήμ, nach dem Talmud בְּשַׁעַר יְרוּשָׁלַיִם „am Thore Jerusalems". Der Tag dieses Sieges ward ein Halbfeiertag, und das Land hatte eine kurze Zeit Ruhe. Weshalb aber die Ruhe eintrat, wird uns nicht berichtet. Es könnte sogar scheinen, dass Juda auch Jerusalems sich bemächtigt hätte, besonders nach Josephus, der den Tod des Alkimos in diese Zeit setzt und Juda vom Volke an seine Stelle zum Hohenpriester gemacht werden lässt. Doch berichtet wird uns von einer Einnahme der Stadt Nichts, obschon wir eine syrische Besatzung dort voraussetzen müssen. Ob hier, wie Flathe[5] meint, eine Zeit des Friedens zwischen Juda und Demetrios gewesen, oder ob hier

---

[1] Beit Ur. vide oben S. 14. [2] S. 344 Anmerk. 103. [3] Josua 15, 37. [4] Arch. XII 10, 5. [5] II. S. 625.

etwas Anderes zu conjecturiren sei, wagen wir nicht zu entscheiden[1]). Um so weniger, als wir an einem Punkte angelangt sind, über den unsere Quellen in auffallend weitläufiger Weise berichten, und der dennoch die divergirendsten Ansichten der neueren Forscher hervorgerufen hat. Wir meinen natürlich die von Juda nach Rom geschickte Gesandtschaft und den mit den Römern geschlossenen Vertrag. Graetz[2]) leugnet vollständig die Historicität dieses in allen Umständen sehr genauen Berichtes, und bezeichnet ihn als eine Variirung des später durch Simeon wirklich erfolgten Vertragsschlusses. Dagegen spricht aber, dass Justin[3]) dieses Bündniss ausdrücklich erwähnt: A Demetrio cum descivissent, amicitia Romanorum petita, primi omnium ex orientalibus libertatem receperunt, facile tunc Romanis de alieno largientibus", sowie dass Rom jedem Feinde des Demetrios Soter, wie der Seleuciden überhaupt, geneigt war[4]), so dass selbst der im Aufruhr gegen Demetrius sich befindende Medische Satrap[5]) einen Senatsbeschluss, der ihm königliche Macht und Unabhängigkeit garantirte, für sich erlangte[6]). Auch können wir die Annahme von Grätz, dass aus dem Eingange des sechsunddreissigsten Buches des Justin sich ergebe, dass der in der angeführten Stelle genannte Demetrios-Demetrios Nikator gewesen, nicht für berechtigt halten, da Justin selbst[7]) sagt, dass Antiochus die Juden, qui sub Demetrio **patre** armis se in libertatem vindicaverant, subigit. Der Vater dieses Antiochus (Sidetes) aber ist Demetrios Soter gewesen, während Demetrius Nikator sein Bruder war, Was also im Gegentheil auf eine Befreiung und Gesandtschaft nach Rom in der Zeit Juda's hinwiese. — Ferner ist auch der Umstand, dass keine thätige Hilfe

---

[1]) Grätz Geschichte III. 63, Anmerk. 3, I. Auflage war versucht die von de Saulcy gefundenen Münzen mit dem Namen Juda in diese Zeit zu setzen, und dadurch einen Beweis für den Bericht des II. Maccabaerb., dass Juda zum Satrapen ernannt worden sei, zu schaffen. Nach mündlicher Mittheilung des genannten Herrn jedoch sind diese Münzen erweislich erst von dem Könige Alexander (Juda) geprägt. vid. l. l. II. Ausgabe, S 103. Anmerk. 2.
[2]) Geschichte der Juden III. Note 8. [3]) 36, 3. [4]) Ewald und Flathe l. c. [5]) Diodor bei Müller fgg. h. gr. II p. 11. Feder exc. Escurial S. 17. [6]) Dazu vergleiche noch Polyb. 33, 14. [7]) 36. K. 2.

von Rom erfolgte, kein Beweis für die von Grätz aufgestellte Ansicht, da erstens bei der weiten Entfernung ein thätiges Eingreifen zur rechten Zeit schwierig war, und deshalb wohl ganz unterlassen wurde; wie Rom ja zum Helfen nie bereit war, wofür Sagunt und in noch grellerer Weise die numidischen Könige Adherbal und Hiempsal in ihrem Streite mit Jugurtha uns ein Beispiel geben. Wir sind aber auch andererseits zu wenig von unseren Quellen unterrichtet, um zu entscheiden, ob nicht eine diplomatische Intervention Roms zu Gunsten der Juden die Action der Syrer gehemmt und die völlige Vernichtung der geschlagenen Juden verhindert habe. Was zu glauben uns schon der Umstand berechtigt, dass das Einschärfen des Verbotes, Elephanten zu halten, entschieden den Juden genützt habe, wenn wir auch nicht zu behaupten wagen, dass es allein der Juden wegen geschehen sei. Dagegen aber scheint uns die entgegengesetzte Ansicht Flathes[1]) vollständig in der Luft zu schweben, der eine diplomatische Verbindung Judas mit Rom schon vor dem Friedensschlusse mit Antiochus Eupator annimmt, wobei er auf das II. Maccabaeerbuch[2]) baut; der aber, weitergehend, den Wiederausbruch des Kampfes dem Anreizen der Römer zuschreibt, wie er überhaupt die Hand der Römer in Allem sieht, was gegen die Seleuciden unternommen wird. Wir wollen also, bis eine dieser gegenüberstehenden Ansichten quellenmässig bezeugt wird, uns dahin bescheiden, zu erzählen, dass unsere Quellen von einer Gesandtschaft Judas nach Rom berichten, die auch von Erfolg gewesen, bei ihrer Rückkehr aber Juda wohl nicht mehr unter den Lebenden angetroffen hat. Keineswegs aber können wir mit Ewald[3]) in dieser Verbindung mit Rom den Keim des Verfalles sehen, denn Judaea, das allzu enge Gränzen hatte, als dass ein Grossstaat sich aus ihm hätte herausbilden können, vermochte nur als Vasallenstaat sich ein ruhiges Dasein zu sichern. Den Keim des Verfalles dagegen bilden die Streitigkeiten, die im hasmonaeischen Hause schon seit der zweiten Generation

---

[1]) Gesch. Macedoniens II. S. 612—13. [2]) XI. 34—38. [3]) l. s. c.

desselben bis zu seinem jammervollen Ende fortdauerten und das Blut der Besten des Volkes in grausem Bürgerkriege oder durch Henkershand vergossen. Nachdem der Frühling des Jahres 160 v. Chr. angebrochen war und die Syrer dem rechten Flügel ihres Reichsheeres, der unter dem Oberbefehl des Bakchides nach Herzfelds[1]) Ansicht in Phoenicien stand, kriegstüchtig gemacht hatten, zogen sie im April 160 v. Chr. gegen Judaea[2]). Nun giebt das I. Maccabaeerbuch[3]) seine Marschroute derart, dass es auf dem Wege nach Galgala einen Kampf bestanden und in Folge desselben Maisaloth *ἐν Ἀρβήλοις* eingenommen habe, während Josephus[4]) erzählt, dass Bakchides die Stadt Arbela in Galilaia belagert und die in den dortigen Höhlen Versteckten gefangen habe. Entweder ist Josephus Angabe hier in compilatorischer Eile verschrieben und Galgala ist das heutige Gilgilia westlich von Gophna, im Süden von der samaritanischen Gränze und Maisaloth ist מִשְׁאָל [5]) — Mischal — in West Galilaia[6]); oder es ist mit Herzfeld[7]) hier anzunehmen, dass Maisaloth vom griechischen Uebersetzer an Stelle von מִשְׁעוֹל „Hohlweg" gesetzt sei, und so *Μαισαλώθ ἐν Ἀρβήλοις* identisch sei mit dem vita Josephi[8]) erwähnten Dorfe *Ἀρβήλων σπήλαιον* — was auch zur Erzählung des Josephus hier von den Höhlen passen würde — und dass anstatt *Γάλγαλα*[9]) mit Josephus *Γαλιλαίαν* zu lesen sei, so dass Bakchides durch das westliche Galilaia und am Meere hinab marschirt ist, und hier einen von den Juden besetzten Hohlweg forcirt hat, durch den die Strasse nach Jerusalem ging[10]). Da er dort gesiegt, gelangte er nach

---

[1]) l. l. S. 295. [2]) wonach also keine lange Ruhezeit nach dem 13. Adar 161 v. Chr. eingetreten wäre. Man müsste denn, um dem Wortlaute folgen zu können, den Jahresbeginn nach der Zählung des I. Macc. auf Tischri statt auf Nissan setzen.
[3]) 9, 2. [4]) Arch. l. a. l. [5]) Josua 19, 26. [6]) Ewald 421. [7]) S. 295. [8]) § 87. [9]) I. Macc. 9, 2 [10]) Wozu Rappoport Erech Milin S. 191. s. v. אַרְבֵּל stimmt, der nach Angabe des Kaphtor Wopherach diesen Ort eine halbe Stunde nördlich von Tiberias, und zwar dem Jochasin zufolge zwischen dieser Stadt und Sepphoris setzt. Von einem Thale daselbst spricht auch der Jerusal. Talm. Anf. Berachot.

Jerusalem, brach aber sogleich wieder von da mit zwanzigtausend Fussgängern und zweitausend Reitern auf, als er erfahren, dass Juda mit seinen dreitausend Mann bei Berea[1]) — was Beeroth südlich von Gophna wäre oder Bezeth[2]) — Berzeth - Bir - el - Zeit[3]), nördlich von Gophna — lagere. Als aber die Leute Judas die Stärke des Feindes sahen, verliefen sie sich bis auf achthundert Mann und zwar in dem Augenblicke, wo Juda weder sich mit Ehren zurückziehen, noch Verstärkungen an sich ziehen konnte. So kam es bei Eleasa, oder, wie Reland nach Josephus[4]) liest, bei Adasa[5]) zur Schlacht, die Juda nicht des Erfolges wegen, sondern um seine Ehre nicht zu schänden, annahm. Todesgewiss und daher noch todesmuthiger als gewöhnlich, machte das kleine Häuflein einen Angriff auf den rechten Flügel des Feindes, wo der feindliche Feldherr — wie das seit Alexander Sitte war — kommandirte, um als letzten Versuch es zu wagen, ob es gelänge, Bakchides zu töten; was nach allen Erfahrungen die Flucht des Feindes zur Folge haben musste. Mit einer solchen Wucht war dieser von den Tüchtigsten der kleinen Schaar unternommene Angriff ausgeführt worden, dass es ihnen gelang, diesen rechten Flügel bis nach Tel Asar[6]) zu werfen. Aber der linke feindliche Flügel hatte sich unterdess in den Rücken des tapferen Häufleins geschwenkt. Nun war kein Ausweg übrig; man musste suchen, das Leben so theuer wie möglich zu verkaufen. Bis gegen Abend dauerte das Gemetzel. Juda fiel, Wenigen von den Seinigen gelang die Flucht. Durch einen Vertrag erlangten Simeon und Jonathan, die Brüder des Maccabaeers, seinen Leichnam und setzten ihn in Modeim bei, an der Seite ihres Vaters Mathatias. So endete mit diesem ersten Ritter auch die Ritterepoche Israels in der zweiten Periode seines Geschichtslebens. Län-

---

[1]) 1. Macc. 9, 3. [2]) Jos. XII. 11, 1. [3]) Robinson Palästina II. S. 237 bei Ewald IV. 422. [4]) b. J. I. 1, 6, wohl an demselben Orte, wo die siegreiche Schlacht gegen Nikanor geschlagen worden, vielleicht das heutige Alāsa, zwischen welchem Orte und Gophna Bir el Zeit mitten inne liegt. [5]) auch der Alexandriner liest Ἄδασα.
[6]) Herzfeld l. c. übersetzt in dieser wohl richtigen Weise das „Ἀζώρου oder Ἀζώτου ὄρους" der Quellen.

gere Zeit zwar umfasste das erste jüdische Reich von 1200—586 v. Chr. und doch ist dieses zweite Reich, die Epoche der Maccabaeer, fast glorreicher. Juda füllt in ihm die Stelle aus, die die lange Reihe der Richter in demselben einnahm. Was das Schwert nicht hatte erringen können, die kluge Diplomatie der übriggebliebenen Hasmonaeer erlangte es. Doch Eines hatte Juda erreicht; er hatte die religiöse Freiheit Israels hergestellt; er hatte das Volk aufmerksam gemacht, dass es nun an der Zeit sei, auch die politische Freiheit zu erringen. Und dieses Eine, es ist bedeutsam genug, um den Nachruf, den Josephus dem Bruder unseres Helden, Eleasar, und zugleich ihm selbst gaweiht hat[1]): ἐτελεύτησε, μηδὲν πλέον δράσας, τοῦ μεγάλοις ἐπιβαλέσθαι, θέμενος εὐκλείας ἐν δευτέρῳ τό ζῆν". Er starb, ohne etwas Anderes erreicht zu haben, als den Ruf, nach Grossem gestrebt und das Leben dem Ruhme hintangesetzt zu haben, um diesen Nachruf zu kennzeichnen als einen solchen, der aus einer oberflächlichen, die Thätigkeit Judas und den Erfolg derselben verkennenden, Anschauung hervorgegangen ist.

---

[1]) b. J. I. 1, 6.

Note.

Hauptsächlich nach Clinton fasti Hellenici II, P. 317—322.
Da es für die Chronologie des ersten Theiles der vorliegenden Arbeit wichtig ist, genau die Züge des Antiochus nach Aegypten festzustellen, wollen wir, dem obengenannten Werke in allen Hauptpunkten folgend, dieselben hier kurz zusammenstellen. Das Schwierige in der genauen Feststellung dieser Züge liegt erstens darin, dass, da nur zwei derselben Resultate ergeben haben, die verschiedenen, diese Zeit behandelnden Schriftsteller je nach Gutdünken von diesem oder jenem dieser Feldzüge Bericht erstattet haben, ohne der anderen zu gedenken. So erwähnt Josephus nur den zweiten und vierten, Justin 36, 2 nur den dritten und vierten, II. Macc. nur den ersten und vierten — sowie zweitens, dass eine Hauptquelle, das Buch Daniel, seiner Anlage als Vision gemäss, durch wiederholte Schilderung desselben Ereignisses, mehr Verwirrung anrichtet als Aufklärung bietet.

Der Krieg entstand, das bestätigen Diodor frg. Vatic. p. 75, exc. leg. 321, sowie Polybius 27, 17; 28, 1; Livius 42, 29, durch die unzeitige Grossmannssucht der Vormünder des jungen Ptolemaeus Philometor, Eulaius und Lenaeus, die, ohne die Lage des Reiches zu bedenken, Aegyptens Anspruch auf Coelesyrien erneuerten; wozu das II. Macc. 4, 21 — freilich eine wenig Vertrauen erweckende Quelle — ein merkwürdiges Detail liefert. Der wegen der Thronbesteigung des aegyptischen Königs von Antiochus nach Alexandria geschickte Gesandte Apollonias, Sohn des Menestheus, der Statthalter von Coelesyrien, soll nämlich in seiner Treue gegen seinen Herrn vom alexandrinischen Hofe wankend gemacht worden sein. Das habe Antiochus erfahren und auf seine eigene Sicherheit bedacht, den Krieg gegen Aegypten eröffnet, indem er nach Joppe — also wohl zur See — und von da über Jerusalem nach Aegypten zog. Einen merkwürdigen Anlass zu diesem Kriege referirt Malalas Chronographie VIII, 268. Antiochus habe auf Bitten der in Palaestina wohnenden Juden an Ptolemaeus geschrieben, er möchte ihnen nicht soviel Zölle abfordern, wenn sie — was damals einer Hungersnoth wegen sehr häufig geschah — Getraide aus Aegypten holten. Der Erfolg dieses Briefes aber sei eine erhöhte Steuerlast gewesen, und das sei der Anlass zum Kriege geworden. Wir wollen nicht lange daran mäkeln, dass dieser Bericht einer sehr späten Quelle entstamme. An und für sich ist es sehr glaublich, dass derartige Plackereien an den Grenzen die Stimmung der beiden Mächte mit erbittern halfen. Genug, noch während des Jahres 171 v. Chr. zog Antiochus, dem nach Josephus Arch. XII, 3, 2 und Livius 42, 26 eine Erweiterung seines Gebietes auf Kosten Aegyptens gar nicht unlieb war, gegen Aegypten und schlug das Heer des Ptolemaeus zwischen Pelusium und dem Casischen Gebirge — Hieronymus in Daniel —. Nach dieser Schlacht war Philometor nach Alexandria geflohen. — Johannes Antioch. bei Mueller fragm. IV. 558 —, war aber dort, wo die Bürger seinen jüngern Bruder Physcon zum Könige erhoben hatten, nicht aufgenommen worden und wieder nach Pelusium zurückgekehrt.

Hier nun eröffnete Antiochus den zweiten Zug im Jahre 170 v. Chr. damit, dass er mit List Pelusium einnahm und so auch den Philometor in seine Gewalt bekam. — Josephus Arch. XII, 3, 2, „δόλῳ τὸν Φιλομήτορα 'ἐπιεριελθών." — Hierauf bezieht sich auch wohl der Tadel des Polybius 27, 17: ἦν καὶ πρακτικὸς κ. τ. λ. πλὴν τῶν κατὰ τὸ Πελούσιον στρατηγημάτων," denn auch Daniel XI 25, 26 — vid. Hieronymus dazu — weiss von Verrath unter den höchsten Dienern des Philometor zu erzählen. (vid. C. v. Lengerke z. St.) — Unter dem Vorgeben, dem Neffen das Reich zu sichern, durchzog er ganz Aegypten, alle Kostbarkeiten raubend — Daniel XI. 28 und Hieron. z. St. — Von Memphis aus zog er gegen — wo ihn wohl auch die bei Polyb. 28, 16, 17 erwähnten griechischen Gesandten begleiteten — Alexandria. Hier wurde er jedoch zurückgeschlagen. Hieron. ad Daniel c. XI. Porphyrius ap. Müller fragm. 720, 2. — Auf die Nachrichten von dieser Niederlage und das Gerücht von dem Tode des Königs waren in Judaea Unruhen ausgebrochen. Er liess daher Philometor, der ebenso Ränke gegen Antiochus spann, wie dieser gegen ihn, — Daniel XI 27 — in Memphis zurück und eilte nach Judaea, wo er den Aufstand schnell und energisch zu Boden warf, noch im Jahre 170 v. Christo.

Nachdem er in Syrien neue Truppen an sich gezogen, zog er schon im folgenden Jahre 169 v. Chr. — wohl zu Schiff — wieder gegen die Alexandriner und ihren König Physcon, die unterdess

— Liv. 44, 19 — die Vermittlung des römischen Senates angerufen hatten, der ihnen auch die Absendung des G. Popillius versprach, jedoch die Gesandten heimlich instruirte, so lange zu zögern, bis der Krieg gegen Perseus entschieden sei, um Antiochus nicht Grund zu geben, seine schwankende Gesinnung gegen Rom in einen vollständigen Bruch und offne Unterstützung des römischen Feindes umzuwandeln. So waren die Alexandriner auch diesmal wieder auf ihre eigene Kraft angewiesen und obschon sie in einem Seetreffen bei Pelusium unterlagen, schlugen sie Antiochus wiederholt zurück. Doch das Land erlitt wieder alle Drangsale des Krieges und nur der kühnen Vermittlung der Rhodier gelang es, Antiochus das Zugeständniss zu entreissen, er wolle es nicht hindern, wenn die Bürger der Hauptstadt seinen Freund, den König Ptolemaeos Philometor, zurückrufen würden — Polyb. 28, 19. — Für dieses Jahr musste er sich zurückziehen, wahrscheinlich auf dem Seewege, denn die Verse 608—605 des dritten Buches der Sibyllinen scheinen auf diesen Feldzug von 169 v. Chr. sich zu beziehen, da 171 v. Chr. Physcon noch nicht regierte und 170 v. Chr. Antiochus nach Jerusalem ging, also zu Lande sich zurückzog — vid. Hilgenfeld die jüdische Apokalyptik S. 74. — Nun vereinigten sich die beiden Brüder, die schon früher geheime Unterhandlungen gepflogen hatten, mit einander — Liv. 45, 10 — und rüsteten gegen Antiochus, der Pelusium mit einer starken syrischen Besatzung versehen hatte — Liv. 45, 10. — Sie sandten um Hilfe nach Griechenland — Polyb. 29, 8 - 10 — das aber ohnmächtig auf Roms Befehl dieselbe versagte, denn noch währte der Krieg gegen Perseus. Keinen bessern Erfolg konnte eine ähnliche Bitte an Rom selbst — Justin 34, 3 — haben. Mit Beginn des Jahres 168 v. Chr. kam Antiochus wieder. Den Gesandten des ältern Ptolemaeus, die am Rhinocorura ihn trafen und für die gütige, nunmehr unnöthige Vermittlung dankten, stellte er die Alternative, entweder Krieg bis ans Messer, oder Abtretung Cyperns, Pelusiums und des ganzen Gebietes an der pelusischen Nielmündung. — Liv. 45, 11. 12. — Nach Cypern hatte er schon vorher eine starke Flotte gesandt, die dort siegreich operirte. Auch in Aegypten, wo man seine Anträge abgewiesen hatte, machte er Fortschritte; da ereilte ihn nahe bei Alexandria das Geschick — Daniel XI, 30 — in der Gestalt des römischen Gesandten C. Popillius, der auf die Nachricht der entscheidenden Schlacht bei Pydna — 22. Juni 168 v. Chr. — sofort nach Aegypten aufgebrochen war. Da er sich nur einige Tage in Rhodus aufgehalten, ist es wohl nicht nöthig seine Ankunft in Eleusine in die Monate Juli oder August — mit Clinton zu setzen — sondern bestimmt Anfang Juli. Nach der bekannten drastischen Scene eilte Antiochus vom aegyptischen Boden weg, alle Eroberungspläne hinter sich lassend. Während aber Popillius des Königs Flotte aus Cypern heimschickte, hatte Antiochus schon wieder einen neuen Plan zur Kräftigung seiner Macht, zur Vorbereitung des Krieges gegen Rom, durchzuführen begonnen, die Centralisation seines Reiches. Die Entweihung des jüdischen Tempels — am 17. Tammus ejusd. an. — ist das erste Zeichen dieses Planes. Aber auch dadurch hat der König Nichts erreicht, im Gegentheil das Ende seines Reiches und seiner Dynastie beschleunigt.